「本当のお金持ち」から学ぶ

正しい お金の増やし方

篠田 丈

Wealth Management

はじめに

新型コロナウイルスの流行拡大をきっかけに、株式や投資信託などへの投資を始める若い世代が急速に増えています。

ネット証券の普及で気軽に取引できるようになったこと、年金など社会保障制度の先行きに不安を感じていること、NISA（少額投資非課税制度）やiDeCo（個人型確定拠出年金）といった税制優遇措置が導入されたことなども背景にあるとされます。

1990年のバブル崩壊以降、「株は下がるもの」という発想に染まったオールド世代とは、発想も行動も大きく異なるようです。日本で「貯蓄から投資へ」というスローガンが唱えられ始めて20年近く経ちますが、ようやく欧米並みに投資が国民のごく身近なものになろうとしているのかもしれません。

とはいえ、投資を巡る環境は常に変化しており、時には金融危機も発生します。しかも、オールド世代、ニュー世代を問わず多くの日本人には、投資や資産運用にあたって必要とされる「金融リテラシー」がそれほどきちんと身に付いていないように感じます。

投資の世界では相変わらず詐欺話が横行していますし、銀行や証券など金融機関の顧客サービスレベルも世界標準から遠いといわざるを得ません。金融機関の担当者は相変わらず、顧客の意向やリスク許容度を無視し、自社グループがつくった投資信託や仕組債などを勧め、トラブルを引き起こしています。

本書は、長年にわたり日欧米の金融業界に身を置いてきた私の経験をもとに、これから日本人が投資や資産運用を行うにあたって、ぜひ知っておいていただきたい考え方と基本的な知識をまとめたものです。

私は日本の大手メーカーを経て日系の証券会社に入り、その後、外資系金融機関で長年、エクイティ（株式）市場におけるトレーディングやエクイティデリバティブのトレーディング・組成・販売などに携わり、また多くの金融機関やヘッジファンドの盛衰を見てきました。その後、２０１１年に独立し、現在は投資銀行業、アセットマネジメント業務を手掛けるブティック型の金融サービス会社を経営しています。

こうしたキャリアを通して強く感じるようになったのは、ヨーロッパの富裕層の投資・運用スタイルが多くの日本人にも向いているということです。

これから資産形成に取り組もうという若い世代はもちろん、リタイア後への準備を始めている働き盛りの現役世代、さらにはすでにリタイアして一定規模の資金を運用しているシニア世代のみなさんにとって、ヨーロッパの富裕層の投資・運用スタイルはきっと参考になると思います。

それではさっそく始めましょう。

篠田　丈

はじめに――002

第1章
私が見てきたヨーロッパの富裕層たちの「お金の感覚」 009
ブランドものや流行には無頓着――010
見た目は普通の人の好い〝おじさん〟――012
人脈やお金の使い方をひけらかすアメリカの富裕層――016
長い歴史の中で育まれてきたヨーロッパの富裕層――017
「ニューマネー」と「オールドマネー」――021
富裕層の基準は純金融資産5億円以上――024
スイスの伝統的プライベートバンクのルーツ――027
私のプライベートバンク体験――030
プライベートバンクの内部はどうなっている？――031
プライベートバンクとプライベートバンキングの違い――033

第2章
ヨーロッパの富裕層がお金を守り増やしてきた投資哲学 039
お金は4つに分けて考える――040
目先のお金の増減は気にしない――042
「老後資金2000万円問題」にみる日本人の金銭感覚――044

ヨーロッパの富裕層とは対照的な「アルケゴス事件」——047
ノーベル賞受賞者を擁したヘッジファンドの結末——052
短期のリターンは気にせず、レバレッジも利用しない——055
重要なのは何に投資するかより誰に任せるか——058
ファミリービジネスが「王道」、運用や節税は「脇役」——060
ファミリーオフィスの種類とタイプ——063
世界的なカネ余りが生んだファミリーオフィスの変容——065

第3章

だまされるな！ 投資を始める前に知っておくべきこと

069
だまされないことが「金融リテラシー」の第一歩——070
コロナ禍で増えている怪しい誘いの数々——071
富裕層や資産家がひっかかりやすい手口——072
投資もしょせんは人間がやること——076
これから増えそうなのは相続がらみの詐欺——077
何より大切なのは「バランス感覚」——079
個人の金融資産はバブル崩壊後、2倍に増加——081
これからは「金融リテラシー」を高めることがやはり必要——084
投資や資産運用における認知バイアスの影響——087
取引相手を「見切る」力を磨く——092

第4章

実践！ 長期的にお金を守り増やすための投資戦略

099

投資戦略の基本は「長期」「分散」「ほったらかし」――100
長期投資に出口戦略はいらない――104
長期投資でも流動性は重要――107
長期投資では債券より株式が中心――108
「バリュー投資」と「グロース投資」――112
重要なのはベースとなる投資戦略――115
分散とはリスクコントロールのため――116
価値が下がりそうな銘柄をはずす――117
リスク量の目安となる「ボラティリティ」――119
日本人向けのポートフォリオの例――126
ほったらかし戦略の注意点――128
プロがポートフォリオを組むためにやっていること――131
金融商品の分析手法について――133

第5章

これからの世界経済と投資戦略を考える

139

中国の不動産バブルの行方――140
中国政府の出方について――144

中国の不動産バブルが崩壊したら？——146
アメリカの金利動向——148
高い成長力を持つイスラエル——153
シンガポールは本当に楽園か？——156
日本の金利は今後、どうなるか？——158
円資産のリスクに備える——162

第6章 投資と資産運用は生涯続けるもの　167

アメリカ人らしい発想の〝ＦＩＲＥ〟——168
日本人に向いているのはヨーロッパ流——169
投資は退屈なくらいでちょうどいい——172
アメリカの金融サービスは見習うべき——175
これから資産形成する人の投資プロセス——177
印象に一番残っているリーマンショック——181
本当に怖いのは「グレーリノ」——183
損失に耐える力を持て——186
家族を大切にし、先祖や子孫とのつながりを意識する——187
おわりに——190

第1章

私が見てきた
ヨーロッパの富裕層たちの
「お金の感覚」

Wealth Management

ブランドものや流行には無頓着

「そういえば、クリスチャン・ルブタンの本店ってどのあたりにあるのか、知りません?」
「えっ、ルブタンって何ですか?」

これは十数年前、パリを夫婦で訪れた際、かつてBNPパリバ証券で上司だったラファエルの自宅に招かれた時の、私の妻とラファエル夫人とのやりとりです。

ラファエル・マスノーはBNPパリバ証券の幹部であり、家柄もしっかりした、フランス社会では間違いなく富裕層と目される一人です。

彼は以前から、パリ中心部の高級住宅街として知られる第7区で自宅を探していたのですが、ようやくエッフェル塔のすぐそばに築300年ほどの邸宅を購入したので、招待してくれたのです。

アドレスを頼りに訪ねてみると、ものすごく大きく分厚い木製の扉があり、「本当にここだろうか?」と思いながら呼び鈴を押すと、「タケシ、よく来たな」と満面の笑みを浮かべたラファエルが出迎えてくれました。

扉を入ると広い中庭があり、エッフェル塔がすぐそこに見えます。壁一面には知り合いの画家に頼んで描いてもらったというフレスコの風景画がありました。

ゲストルームに移り、おいしいワインと手料理を楽しみつつ、話が盛り上がる中で飛び出したのが、冒頭の妻の質問です。

女性の方ならよくご存じかもしれませんが、「クリスチャン・ルブタン」はレッドソール（赤い靴底）のハイヒールなどで有名なフランスの新進の高級ブランドです。マドンナやレディー・ガガ、サラ・ジェシカ・パーカー、ブリトニー・スピアーズ、日本では浜崎あゆみなどがその愛好者として知られています。

妻としては、フランスの富裕層ならきっと詳しいはず、と思って尋ねたのでしょう。しかし、答えは期待外れのものでした。

実は、ヨーロッパの富裕層の多くは、「今どんなファッションが流行しているのか」とか「高級車ではこれが今人気」などといった話にはほとんど関心がありません。

私が知っている限られた範囲でも、ヨーロッパの富裕層は、自分の年齢とライフステージに合わせた落ち着いたファッションを身に付け、普段の食事なども意外なほど質素です。

おそらく小さい頃から、そういうふうに育てられているのです。もちろん、富裕層ですから、ブランド物や高級車を所有していますが、それは「人気だから」「有名人が持っているから」、ましてや「値上がりしそうだから」といった理由からではなく、本当に「このブランドが好き」「このメーカーの車が好き」だからです。

むしろ、持ち物などを自慢したり、見せびらかすことは「品《ひん》がない」という感覚なのです。とはいえ、ラファエルはやっと手に入れることができた自宅について、「実はこのあたり、なかなか売りものが出なくてね。この家は南フランスの城（キャッスル）より高かったんだ」とさらっと口にしていました。

こちらは「えっ！」という感じですが、本人はいたって普通の会話でもしている感じでした。

見た目は普通の人の好い〝おじさん〟

こうしたヨーロッパの富裕層の姿をもうひとつ、ご紹介しましょう。私たち夫婦が親しく付き合っているスイス人のシュナイダー夫妻です。

ご主人のロルフ・シュナイダー氏は、スイスの運用会社であるブルーマー＆パートナーズの創業オーナーであり現ＣＥＯです。スイスやオーストリアなど多くの伝統的プライベートバンクのエクスターナル・アセット・マネージャー（外部運用会社）として富裕層の資産を実際に運用し、ヨーロッパのプライベートバンクのほとんどの経営者と面識がある正真正銘のエスタブリッシュメントです。

しかし、見た目は普通の人の好い〝おじさん〟といった雰囲気なのです。口ぶりもごく普通で、偉そうにしたり、自慢気にしたりするようなところはいっさいありません。

ただ、いろいろ話をしていると、富裕層らしい片鱗がそこかしこにのぞきます。

たとえば、車が好きだというので、「どんな車に乗っているの?」と聞くと、「最近はアウディかな」との答え。

「ベンツは?」

「ベンツも持っているけど、最近は乗らないな」

「車は何台くらいあるの?」

「8台だったかな、いや10台だったかも。フェラーリのF40も持っていたけど、合わないので手放しちゃった」

さらに聞いていくと、自分でレーシングチームを持っているそうで、ニコニコしながら「これが今のうちのチームなんだ」と言って写真を見せてくれます。

「レース会場に行くとき、公道は走れないから専用のトラックを何台か用意しないといけないんで大変なんだよ。そういえば来月、ドイツのレースに出るから見にこないか」

などと誘ってくれます。

車について私はそれほど興味がありませんが、彼とは食道楽という点では一致していて、ロルフたちが日本に来たら日本のおいしいお店に連れていきますし、私たちがスイスにいくと現地の有名なレストランに連れていってくれます。

どこの店にいっても、いい席に案内され、素敵な料理が出てきます。日本ではあまり知られていませんが、スイスはワインが素晴らしく、そんなスイスワインがずらりと並んだセラーの中にわざわざテーブルをセットしてもらい、自分たちで好きなワインを取り出し、飲み比べしたりすることもあります。

彼からは何もいいませんが、特別なお客さんなんだというのがすぐ分かります。

「ヨーロッパの富裕層の多くは、
「今どんなファッションが流行しているのか」とか
「高級車では今これが人気」などといった話には
ほとんど関心がない」

Pick Up Words

人脈やお金の使い方をひけらかすアメリカの富裕層

こうしたヨーロッパの富裕層に比べると、アメリカの富裕層はアグレッシブで、〝圧〟が強い印象です。

私の知人である60代のアメリカ人男性は、ウォールストリートで有り余る資産をつくり、40代でリタイアしました。

その後、西海岸に移って有名芸能人などと遊んで暮らし、5年ほど前に日本に移住。日本でも芸能人のほか資産家や大物経営者などと交流し、都内に300軒ほどあるミシュランの星付きレストランはすべて制覇したと豪語しています。また、ハリウッド映画に何十億円も投資して何倍のリターンになったとか、逆に何十億円も損したとか、自分からペラペラ話してくれます。

こう言うと嫌みな印象を受けるかもしれませんが、本人はいたってフランクであっけらかんとしており、私は決して嫌いではありません。

人によっても違うので一概には言えませんが、アメリカの富裕層はお金の使い方が派手で、ゴージャスな生活をして、人脈などをひけらかす傾向が強いようです。

長い歴史の中で育まれてきたヨーロッパの富裕層

今回のコロナ禍で、世界経済はかつてないほどの危機に見舞われました。感染拡大を防ぐため外出が厳しく制限され、金融市場は一時パニックに陥り、旅行や飲食、宿泊などの業界では売上が大幅に落ち込んだりしました。その後、ワクチンの接種が進むにつれて経済は回復傾向にありますが、なお以前の水準には戻っていません。

しかし、これはあくまで全体的な傾向であって、まったく別の世界も存在します。それが富裕層の世界です。

クレディ・スイスが2021年6月に公表した『グローバル・ウェルス・レポート 2021』によると、2020年に世界のミリオネア(100万米ドル、日本円で約1億円以上の純資産を持つ層)は520万人増加し、5610万人となりました。

特に純資産額が5000万米ドル(約50億円)を上回る超富裕層(UHNW)の数は24%増加し、2003年以来最高の増加率となったそうです。

2020年におけるミリオネアの国別割合では、アメリカが4割弱で最大となっています。そして、中国、日本が続きます。

とはいえ、ヨーロッパの国々も上位に入っており、それらを合計すると23％を占めます。ヨーロッパはひとつの国ではありませんが、アメリカと並んで富裕層の多い地域であることは間違いありません。

これは、人口に対するミリオネアの割合からも分かります。

世界中の成人のうち、ミリオネアはおよそ1％です。この割合は国によって差があり、インドやインドネシア、ロシアでは成人の0・1〜0・2％ほどに過ぎません。中国も0・5％ほどでさほど高くありません。

それに対し、南欧ではミリオネアの割合はもっと高くイタリアとスペインでは成人の3％です。北に行くとその割合はさらに上昇し、フランス、オーストリア、ドイツでは約4〜5％、ベルギー、オランダ、デンマーク、スウェーデンでは約6〜8％、最も高いスイスでは15％にもなります。ヨーロッパにはモナコなど、スイスよりさらにミリオネアの成人割合が高いであろう国もあります。

こうしたヨーロッパの富裕層は、長い歴史の中で育まれ、様々な戦乱や時代の変化を生き抜き、いまも確固たるポジションを占めているのです。

その考え方や行動は、アメリカや中国など20世紀以降の経済発展の中で生まれてきた富裕層と比べ、大きな違いがあるのは当然でしょう。

「アメリカの富裕層はお金の使い方が派手で、
ゴージャスな生活をして、
人脈などをひけらかす傾向が強い」

Pick Up Words

「ニューマネー」と「オールドマネー」

投資や資産運用の世界でよく言われるのが、「ニューマネー」と「オールドマネー」というくくりです。

使う人や使われる文脈によって意味は異なりますが、「新しく入ってくるお金」と「時間をかけて蓄積されたお金」という対比が根底にあります。

例えば、資産運用業界においては、「ニューマネー」とは新たにファンドに入ってくる投資資金のことであり、「オールドマネー」とは現在、運用されている投資資金のことです。運用成績が好調なファンドには「ニューマネー」がどんどん流入しますが、逆に金融危機などになるとファンドの「オールドマネー」からどんどん資金が流出します。

また、資産家を分類する観点からいうと、「ニューマネー」とは事業等によって成功し、一代で資金を増やした人のことを指します。逆に「オールドマネー」とは、親やその前の代から受け継いだ資産を持っている人のことです。

GAFAなどアメリカのベンチャー起業家は「ニューマネー」に分類されるでしょう。莫大なキャッシュを持ち、レバレッジなどアグレッシブに資産の拡大を目指します。一方、ヨーロッパの富裕層はお分かりのとおり、「オールドマネー」の代表例です。先祖代々受け継いできた資産を守り通すことを重視しています。

日本の富裕層や投資家はどちらでしょうか。もちろん、人によって違いはありますが、個人的には以前は「オールドマネー」が多かったように思い、最近は「ニューマネー」が増えていると感じます。

「ニューマネー」は属人的で、その資産を築いた人の考えに左右されます。「自分が稼いだ金を自分で使って何が悪い」と言われればその通りなのですが、この発想そのものがリスクなのです。

かつて、大手企業の経営者が、自分が亡くなったら棺の中に所有する世界的名画を入れてほしいといった話がありました。ある意味、「ニューマネー」の極致といっていいかもしれません。

「オールドマネー」は、その反対です。別に財閥だとか昔からの名家だとかは関係ありません。ベンチャーの創業者であっても、自分ひとりの才能や努力がすべてではなく、先祖や子孫という世代のつながりを意識しているタイプは「オールドマネー」といっていいでしょう。

多くの日本人にマッチするのは、「オールドマネー」のスタイルだと思います。まさにヨーロッパの富裕層が実践してきたものであり、長期・分散・ほったらかしを目指していけばいいのです。

図表1　2020年末の世界の富のピラミッド

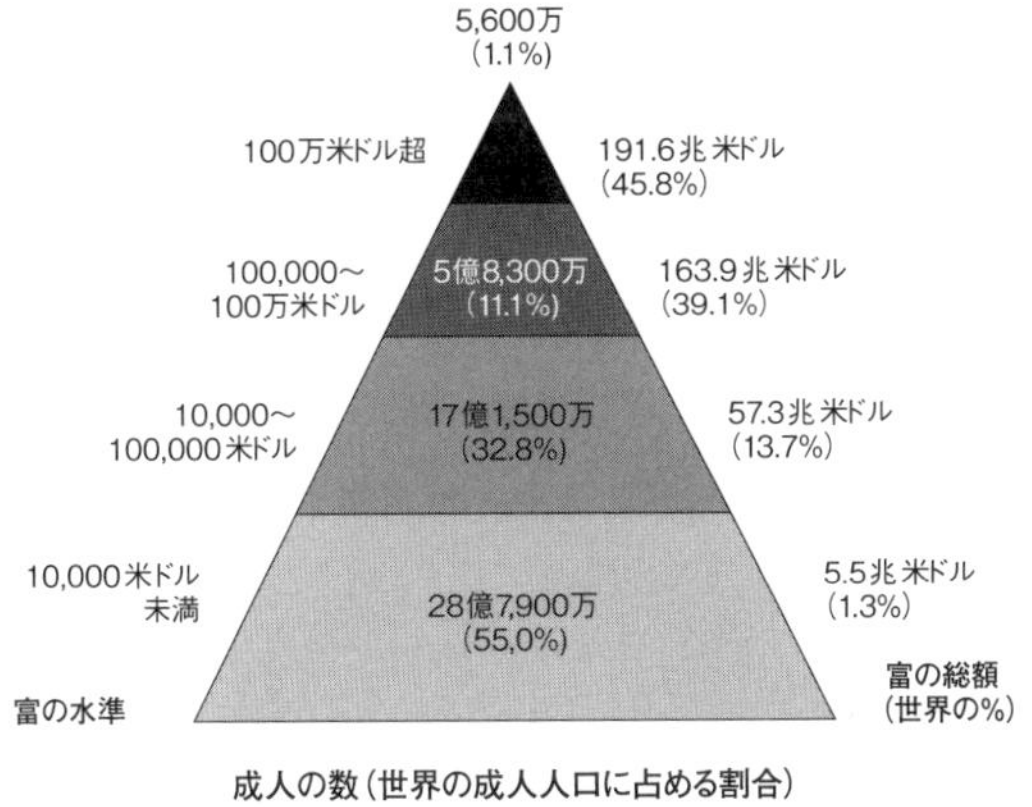

出典：ジェームズ・デイヴィーズ、ロドリゴ・ルベラスおよびアンソニー・ショロックス、
クレディ・スイス・グローバル・ウェルス・データブック 2021

図表2　国別の米ドル建てミリオネアの割合(2020年)

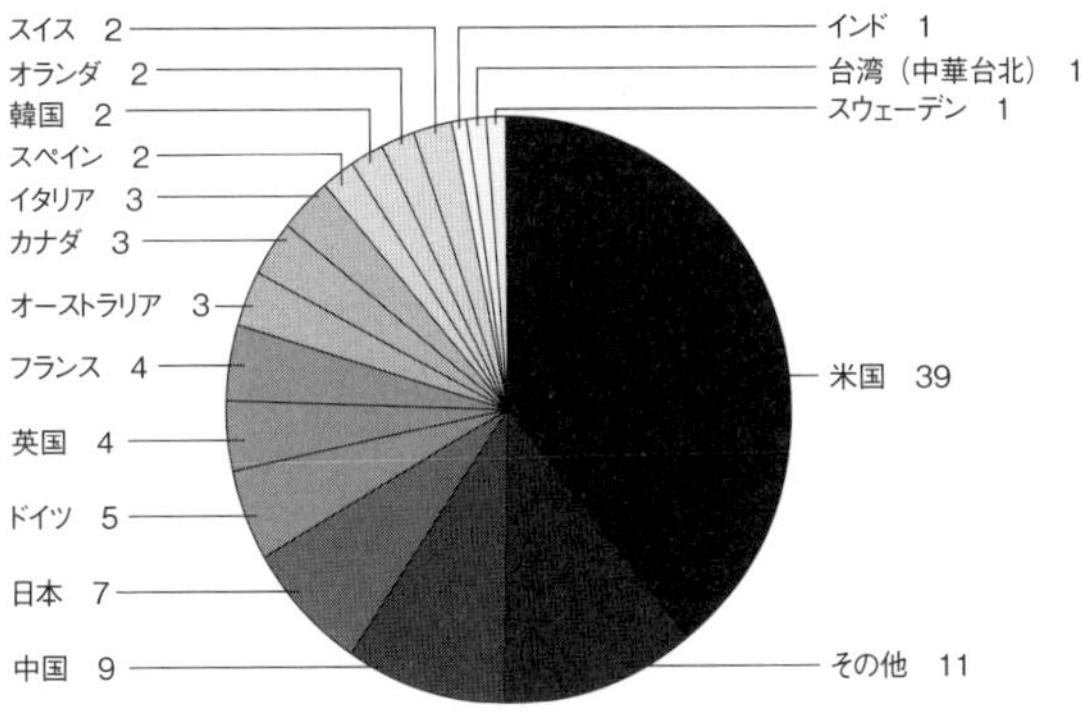

出典：ジェームズ・デイヴィーズ、ロドリゴ・ルベラスおよびアンソニー・ショロックス、
クレディ・スイス・グローバル・ウェルス・データブック 2021

富裕層の基準は純金融資産5億円以上

「富裕層」や「資産家」という言葉の意味は、人により様々です。明確な基準はないといってもいいかもしれません。

いま紹介したクレディ・スイスの調査は、金融資産に実物資産（主に住宅）を加え、債務を差し引いた「純資産」をベースにしたものです。

しかし、これでは流動性の低い実物資産の影響が大きいため、私は純金融資産を基準にするほうがシンプルで分かりやすいと考えています。

日本の野村総合研究所の調査でも、預貯金、株式、債券、投資信託、一時払い生命保険や年金保険などからなる「純金融資産保有額」（保有する金融資産の合計額から負債を差し引いた値）をベースに、総世帯を5つの階層に分類しています。そして、純金融資産が5億円以上を「超富裕層」としています。

これは私の感覚に合致します。ヨーロッパでも富裕層というと、少なくとも純金融資産が5億円以上、多くの場合は数十億円から100億円を超えるくらいの純金融資産を持っている層を指します。

それだけの資産をしっかりと守り、着実に増やし、さらに世代を超えて引き継いでいくのがヨーロッパの富裕層の流儀なのです。

図表３　純金融資産保有額の階層別にみた保有資産規模と世帯数

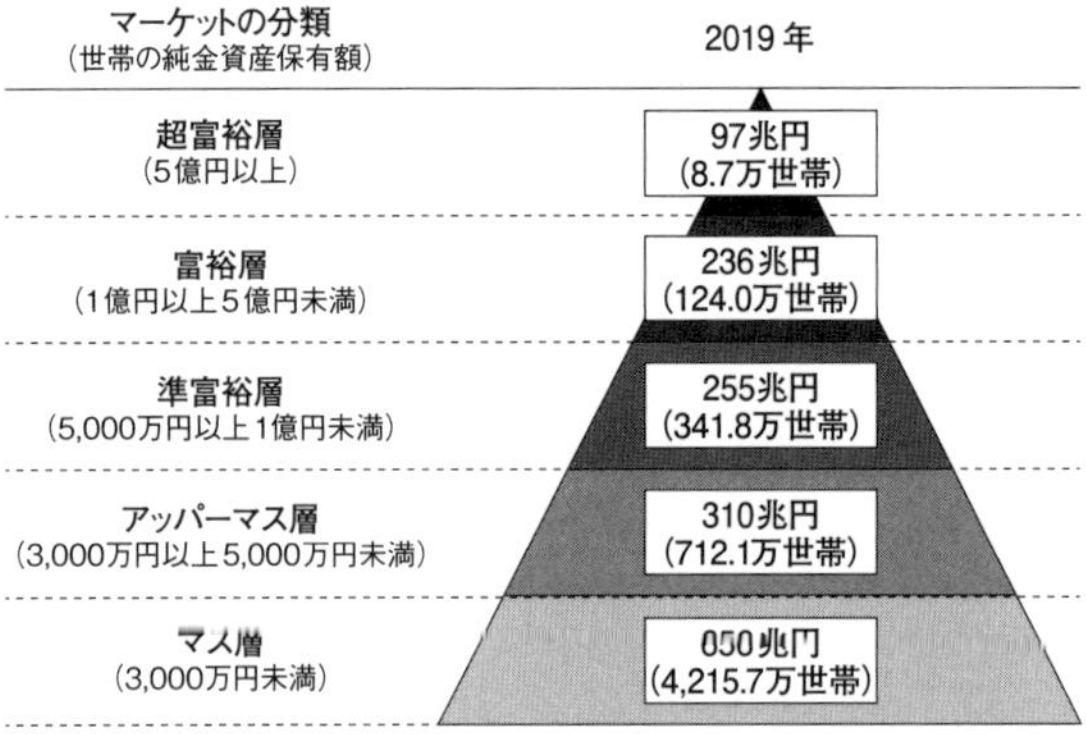

出典：国税庁「国税庁統計年報書」、総務省「全国消費実態調査」、厚生労働省「人口動態調査」、国立社会保障・人口問題研究所「日本の世帯数の将来推計」、東証「TOPIX」および「NRI生活者１万人アンケート調査（金融編）、「NRI富裕層アンケート調査」などからNRI推計。

スイスの伝統的プライベートバンクのルーツ

ヨーロッパの富裕層の典型といえるのが、スイスやその周辺国（オーストリア、リヒテンシュタインなど）にある伝統的なプライベートバンクのオーナー一族です。

私がフランスのＢＮＰパリバ証券など外資系の投資銀行に勤務していた頃もヨーロッパの富裕層、資産家を間近に見てきましたが、プライベートバンクのオーナー家はまた別格です。

伝統的なプライベートバンクは、創業２００年を超えているような老舗が当たり前で、その経営者でもある創業家のメンバーに会うと、必ずといっていいほど歴史の話が出てきます。

例えば、スイスの伝統的プライベートバンクには「ジュネーブ系」と「チューリッヒ系」があります。ジュネーブ系のプライベートバンクのルーツは16世紀頃にさかのぼります。当時、フランスではプロテスタント系への宗教弾圧が吹き荒れており、その難を逃れてスイスへやって来た貴族たちが、自分たちの資産を保全するために銀行をつくったのがジュネーブ系のプライベートバンクの始まりといわれています。

もうひとつのチューリッヒ系は、戦争で活躍した傭兵たちにルーツがあります。スイスは現在、永世中立国として有名ですが、かつて15世紀から18世紀にかけて、数多くの傭兵をヨーロッパ各地へ送り出していました。現在も、キリスト教の聖地であるバチカン市国の警備兵はスイスの傭兵です。

傭兵は命をお金に換える仕事ですから、その対価として多額の報酬を得ます。スイスに残された家族にとっては、そうして得たお金を確実に守る必要があり、プライベートバンクが生まれたわけです。

このほか、オーストリアやリヒテンシュタインなど地域によってプライベートバンクの成り立ちはそれぞれ違いますし、プライベートバンクごとに固有の歴史や伝統がありますが、いずれにしろ何百年という歳月を経て、資産を守り、増やしてきた重みには格別なものがあるのです。

「スイスの伝統的プライベートバンクには
「ジュネーブ系」と「チューリッヒ系」がある」

Pick Up Words

私のプライベートバンク体験

ここで、私がスイスのプライベートバンク関係者と初めて知り合った際の体験をご紹介しておきましょう。

私は日本の大手証券会社を経て、外資系の証券会社や投資銀行数社でエクイティビジネスの責任者を務めた後、独立し、日本でブティック型の金融サービス会社を立ち上げました。

外資系投資銀行を退職した際、自分自身の資産運用については信頼できるプロに任せたいと思い、国内はもちろんシンガポールや香港にも出かけて、様々な金融機関に接触しました。

しかし、なかなか「これ」というプロを見つけられないでいたとき、知り合いの弁護士のホームパーティーでスイス系の運用会社に勤めていたバンカーと出会いました。彼とは「最近、こういう面白い運用商品があるんだ」といった話で盛り上がり、別れ際、「今度はスイスでフォローアップミーティングをしよう」ということになりました。

翌月、私は彼をスイスに訪ね、そこで出会ったのが彼の元上司であったロルフ・シュナイダー氏だったのです。

彼に自分の資産運用で困っていることを話すと、スイスのあるプライベートバンクを紹介してくれました。

さっそく訪問すると、ボードメンバー（取締役）が出てきて、応接室で、まずは自行の歴史や経営哲学などを詳しく説明してくれました。そして、こちらの意向や目的などについても1時間以上かけて詳しくヒアリングしてくれました。その間、具体的な金融商品の話などはいっさい出ません。

正直、その確固とした信念やマン・ツー・マンの丁寧な顧客対応に驚かされるとともに、「ここに任せれば安心だ」今でも鮮明に覚えています。

プライベートバンクの内部はどうなっている？

スイスにバンク・ヘリテージ（Banque Heritage）というプライベートバンクがあります。コーヒー豆やコットンなどを扱う世界的な商社のオーナー一族がサイドビジネスとして保有しており、現在、一族の中で次男と三男が役員として関わっています。

このバンク・ヘリテージの本店を訪ねたことがあるのですが、強烈な印象を受けました。

外観は、街並みに溶け込んだ低層の建物で、小規模な高級ホテルのような感じで、日本の銀行とは雰囲気がまったく違います。

重いドアを開け、正面の階段を上がると受付のデスクがあり、廊下沿いに応接室が並んでいます。それぞれ一流の絵画、彫刻、工芸品などがさりげなく飾られていて、画廊にでも来たような雰囲気。そうしたスペースで、役員や担当者が対応してくれるのです。

特別なゲストは、さらにその奥へ案内されます。扉の向こうにあるエレベーターで上階に上がると、明るい陽射しが差し込むボードルーム（会議室）があり、併設されたダイニングルームでは専属シェフの手による食事を楽しむこともできます。

私は一族の次男の自宅にも招待してもらいましたが、まさに映画に出てくるような大豪邸でした。広い庭にはプールがあり、プールに面したテラスにテーブルを置いて、やはり専属のシェフの料理をご馳走になりました。

彼らは世界中の富裕層を顧客としており、ヨーロッパなどひとつの国のようなものです。食事中には、「明日は商談でイタリアへいかないといけない」「今度の休みはモナコでゆっくりしよう」といった会話が飛び交います。

世界中の銀行と決済するため南米にも商業銀行をひとつ持っているそうで、お金についての感覚はまさに別次元といえるレベルでした。

プライベートバンクとプライベートバンキングの違い

ヨーロッパの富裕層の多くは、資産運用においてこうした伝統的なプライベートバンクをよく利用しています。

この点、日本では「プライベートバンク」と「プライベートバンキング」が混同されているようなので、説明しておきましょう。

「プライベートバンク」とは、創業者一族が経営に携わる比較的小規模で、富裕層を顧客とするブティック型の銀行のことです。商業銀行のような貸付や自己売買は一切行わず、プライベートバンク事業しか行いません。組織形態も、かつてはパートナーシップ制を基本とし、パートナーのひとり以上が無限責任を負うことで、まさに所有と経営が一体化していました。

近年、経済のグローバル化などにともない、こうした伝統的な組織形態のプライベートバンクは減りましたが、それでも揺るぎない価値観と哲学を守り続けているプライベートバンクはいくつもあります。

そうした伝統的なプライベートバンクは、金融商品を販売するのではなく、長期的な視点で顧客のニーズを理解し、顧客が抱えている問題を解決していくことを重視しています。そもそも、短期での取引を繰り返していくようなビジネスではないのです。

一方、「プライベートバンキング」とは、金融機関が一定の資産を持つ顧客に提供するサービスの総称です。プライベートバンクが提供するサービスもプライベートバンキングに違いありませんが、伝統的なプライベートバンクはわざわざそんなことはいいません。

むしろ、大手の商業銀行や証券会社が社内の一部門で資産家向けに行っているサービスを、「プライベートバンキング」と呼んでいるのです。

しかも、プライベートバンキングという名称は同じでも、そのサービスの内容や顧客対応は金融機関によってばらばらであり、むしろ混乱の原因になっているように思います。

伝統的なプライベートバンクと大手金融機関のプライベートバンキングを見分けるポイントは、2つあります。

ひとつは、富裕層や資産家向けサービスの「専業」であるかどうかという点です。

融資など法人との取引に乗り出したり、あるいは自らファンドなどの商品を組成して販売するなど、業務の多角化を図るようになったプライベートバンクもありますが、そうしたところはもはや伝統的なプライベートバンクとは呼べません。

もうひとつは、具体的な収益目標を掲げて企業規模の拡大を目指しているかどうかという点です。収益目標を掲げるということは、利益追求に積極的に取り組むという宣言であり、企業規模の拡大を目指すことになります。利益追求や企業規模の拡大は、それ自体が自己目的化しやすく、結果的に顧客との利益相反関係が生じます。

伝統的なプライベートバンクはその点、創業家など特定のファミリーが預けている相当な額の資産運用によって適正な収益を確保できているところがほとんどです。

そのため、さらに多くの資産を積極的に受け入れる必要を感じていません。無理に資産規模を拡大しようと思えば、それにともなって人員を増やしたり、運用スタイルを変えたりする必要が出てきます。銀行としてそういう選択をしないのが、伝統的なプライベートバンクのよさなのです。

以上の2点が守られているのであれば、組織形態が株式会社であっても、私は伝統的なプライベートバンクと呼んで構わないと思います。

「伝統的なプライベートバンクと
大手金融機関のプライベートバンキングを
見分けるポイントは、2つある」

Pick Up Words

第1章のまとめ

・本物の富裕層とは少なくとも純金融資産が5億円以上、数十億円から100億円を超えることもあるクラスをいう。

・資産をしっかりと守り、着実に増やし、さらに世代を超えて引き継いでいくのがヨーロッパの富裕層の流儀である。

・ヨーロッパの富裕層が頼りにする伝統的な「プライベートバンク」は、金融商品を販売するのではなく、長期的な視点で顧客のニーズを理解し、顧客が抱えている問題を解決していくことを重視する。

・「プライベートバンキング」を手掛ける総合銀行などは、利益追求や企業規模の拡大を目指しており、結果的に顧客との利益相反関係が生じやすい。

第2章

ヨーロッパの富裕層がお金を守り増やしてきた投資哲学

Wealth Management

お金は4つに分けて考える

本章では、ヨーロッパの富裕層が、一族の長い歴史や伝統の中で培い、ごく自然に実践しているお金と投資についての基本的な考え方についてご紹介します。

私が知っているヨーロッパの富裕層やプライベートバンクの経営者がよく口にするのが、お金をその目的や性質によって分類するということです。

人によって多少、違いがありますが、大まかには次の4つに分けることが多いようです。

①日常的に使うお金
②事業のために使うお金
③子孫のために守るお金
④社会のために使うお金

①の「日常的に使うお金」には彼らの感覚で〝ちょっとした〟贅沢も含まれますが、そこには一定

の上限が決められており、見栄を張るための無駄な出費などは意味がないと考えています。

②の「事業のために使うお金」ですが、ヨーロッパの富裕層は一般的に自ら手掛けているビジネスがあり、そのための事業資金を確保しています。そこから生まれるキャッシュフローは再度、事業に充てられるほか、日常的に使うお金や寄付など社会のために使うお金、さらには子孫のために守るお金に充当されたりします。日本のいわゆる地主層が資産管理業しか行っていなかったりするのとは、少々異なるのです。

③の「子孫のために守るお金」は、伝統的なヨーロッパ富裕層の資産の中核をなすお金です。これについては通常、信託や財団を設立してそこで管理し、運用についてはプライベートバンクやファミリーオフィスに任せています。

運用において重視されるのは、お金を「増やす」のではなく減らさずに、ファミリーの次代へ承継していくこと。ただ、当然ながら現状維持の運用成績でよしとするのではなく、ファミリーで営むビジネスに適正な予算を回しながら、向こう数百年を見据えてファミリーがさらに発展していく未来を目指して、資産を管理します。基本的に運用はプロに任せきりですが、求めるレベルは決して低くありません。

私が印象に残っているのは、先ほど紹介した友人のロルフの息子さんです。息子さんは小さい頃から動物が好きだったそうで、今は南アフリカで広大な土地を取得し、そこで野生動物などの保護を行っています。これもある意味、超長期でファミリーの価値を高めるための一つの投資と言えるかもしれません。

④の「社会のために使うお金」については、伝統的な「ノブレスオブリージュ」の考えに基づくもの、といえばわかりやすいでしょうか。

日本と比べて、ヨーロッパでは寄付文化が人の精神に完全に根付いています。ヨーロッパの伝統的富裕層は、赤十字をはじめ、難病の人や貧困に苦しむ人を救済する団体に相当額の寄付をしているのが当たり前です。多くの富を得たら一定分は社会に還元する、という考え方で、私たちからすれば驚くような額を社会貢献に投じます。

目先のお金の増減は気にしない

このようにお金の分類とそれぞれの目的が明確になっているので、ヨーロッパの富裕層は一般的に、目先のお金が増えたか減ったかにはほとんどこだわりません。「投資や資産運用でこれだけのリターンを上げた」などという話もいっさいしません。

彼らが重視しているのは、無駄なお金を使わないことと、何百年にわたってこつこつ積み上げてきた一族の資産を減らさないことです。

繰り返しになりますが、「子孫のために守るお金」については、信託や財団によって管理し、さらにプライベートバンクやファミリーオフィスといった信頼できるプロに任せ、長期、分散でほったらかしにしています。

知り合いの富裕層に聞くと、信託や財団で管理するのは、「三世代もたつうちには、ファミリーの資産を自分勝手に使って当然と考える出来の悪い子孫も必ず出てくる。そういう子孫にファミリーの資産を食いつぶされないようにすることが大事なんだ」ということでした。

日本では10年ほど前、上場している大手製紙会社の三代目がマカオやラスベガスの賭博の掛け金や負けで100億円以上の損失を出した事件がありました。その清算のため関連のファミリー企業から80億円以上を不正に引き出し逮捕、起訴され、実刑判決を受けたのです。未上場のファミリー企業の株式の9割を創業家が保有しており、三代目はたまたま現金が足りなかったからファミリー企業から借りたという意識だったようです。

ヨーロッパの富裕層でも過去には、そうしたケースがいくつもあったのでしょう。

「老後資金2000万円問題」にみる日本人の金銭感覚

ヨーロッパの富裕層と比べると、日本人は富裕層や資産家といわれる人を含め、通帳の残高や資産の増減などお金の〝金額〟を非常に気にする傾向があるように思います。「とにかく金額が増えればいい」「1円たりともお金が出ていったり減ったりするのは嫌」といった感覚です。

数年前、大きな話題になった「老後資金2000万円問題」もそうです。2019年6月に公表された金融庁金融審議会の『高齢社会における資産形成・管理』という報告書において、安心した老後のためには公的年金だけでは2000万円が不足するという記述があったのがきっかけです。

具体的には、夫65歳以上、妻60歳以上の無職世帯というモデルケースの場合、年金収入が月約21万円なのに対して支出が約26万円で、毎月5万円ほどの赤字になるとされていました。

そうすると、残りの人生を30年ちょっとと仮定すれば、貯蓄を約2000万円取り崩していく必要があることになります。そこから、「2000万円ないと安心して老後が暮らせないのか？」という話になったのです。

しかし、金融庁としては別に、老後を安心して過ごすには2000万円の貯蓄が絶対に必要と言っているわけではありません。ただ、老後のためにはちゃんと備えなければならないというメッセージを出しているだけなのにもかかわらず、数字だけ取り上げて騒いでいる感じがして仕方がありませんでした。

ヨーロッパでは、フランスの「黄色いベスト運動」など増税をきっかけに政府を激しく批判することはありますが、一般市民も含めて自分の人生は自分でなんとかするという発想が当たり前であり、日本のように「2000万円」などという数字にいちいち反応することはありえません。

「ヨーロッパの富裕層は一般的に、
目先のお金が増えたか減ったかには
ほとんどこだわらない」

Pick Up Words

ヨーロッパの富裕層とは対照的な「アルケゴス事件」

ヨーロッパの富裕層のお金との付き合い方は、派手さもなければ特別なテクニックもありません。日本人の感覚で言えば「退屈」といってもいいでしょう。しかし、それを10年、20年どころか何十年も続けるところに、凄みがあります。

彼らは一族の歴史の積み重ねの中で、「変わらないこと」の大切さをＤＮＡとして受け継いでいるのです。

その点で対照的なのが、２０２１年に話題になった「アルケゴス事件」です。

「アルケゴス事件」とは、アメリカの投資会社アルケゴス・キャピタル・マネジメントが５００億ドル（約５兆円）ともいわれる資金の運用に失敗し、保有株の強制売却を迫られたという出来事です。

アルケゴス・キャピタル・マネジメントは、かつて世界最大のヘッジファンドであったタイガー・マネジメントで敏腕マネージャーとして活躍していた韓国出身のビル・ホワン氏が、自身の個人資産である１００億ドル（約１兆円）を運用・管理するために設立した、いわゆるファミリーオフィスです。

一代で100億ドルもの資産を築いたこと自体、とてもアメリカ的ですが、その後の展開がまたアメリカ的なのです。

新聞報道などによると、アルケゴスはデリバティブ（金融派生商品）を使ったスワップ取引を積極的に行っていたようです。

特に、「トータル・リターン・スワップ（TRS）」という手法を使い、ロング（買い）の持ち高を自己資金である100億ドルの5倍程度にまで膨らませていたとされます。

「トータル・リターン・スワップ（TRS）」とは、実際の投資主体は投資対象の株式等を保有せず、サービスを提供する投資銀行が名目上の保有者となります。そして、株式等の価格変動による利益や損失を差金決済する仕組みです。

近年、米国の大手投資銀行が提供するプライムブローカー・サービス（※）として、このTRSが急速に拡大しているといわれます。

※主にヘッジファンド等に対して提供する各種金融サービスの総称。具体的には資金の調達や証券の借入・保管、決済の代行、リスク管理などがある。

差金決済の仕組み自体は、株式の信用取引や商品先物取引、外国為替取引と同じですが、TRSは取引規模が大きく、アルケゴスは一部銘柄で事実上の保有比率が発行済み株式の10%を超えるケースもあったようです。

日本でもアメリカでも、基本的に上場企業の株式を5％以上取得した場合は、大量保有報告書を規制当局に提出する義務があります。アルケゴスはそれを、TRSを使ってくぐり抜けていました。ところが、レバレッジを掛けて集中投資していたいくつかの銘柄が急落したため、取引先の投資銀行から追証を求められ、それに対応できず破綻したのです。

その結果、欧州系や日系の大手投資銀行にも多額の損失が発生しました。具体的には、スイスのクレディ・スイス・グループが約5900億円、同じくスイスのUBSグループが約930億円、米系のモルガン・スタンレーが約1000億円、日本の野村ホールディングスが約3100億円、同じく三菱UFJ証券ホールディングスが約300億円、みずほフィナンシャルグループが約100億円などの損失を公表しており、その合計は1兆円を超えます。

たったひとりの超富裕層の失敗が、これだけ多くの金融機関を巻き込んだところが、一代で財を成したアメリカ的なのです。

そもそも、なぜ米国をはじめ世界中の大手投資銀行がアルケゴスにTRSのサービスを提供していたかといえば、高額の手数料を気前よく払ってくれたからでしょう。

ホワン氏は実は、タイガー・マネジメントが解散した後、自らヘッジファンドを立ち上げたものの、インサイダー取引の疑いでSEC(米国証券取引委員会)から4400万ドルの罰金を命じられ、さらに米国でブローカー、トレーダー、投資アドバイザーなどの職につくことを生涯、禁止された人物です。

アメリカの金融界にいる複数の知人に確認したところ、そもそもこのような人物と取引すること自体が、投資銀行として問題があったと異口同音に述べています。

個人的には、「アルケゴス事件」は極端ではありますが、代で財を成したアメリカの富裕層における投資や資産運用のスタイルのひとつの帰結のように思います。

すなわち、どん欲に短期的なリターンを追い求め、レバレッジを最大限に活用し、勇猛果敢にリスクテイクしていくということです。

何代も続くヨーロッパの富裕層とはまさに対照的といわざるを得ません。

「「アルケゴス事件」は一代で財を成した
アメリカ的な資産運用の典型」

Pick Up Words

ノーベル賞受賞者を擁したヘッジファンドの結末

金融業界では、「アルケゴス事件」は「LTCM事件」の再来かともいわれました。

ご存じの方も多いでしょうが、LTCMとはロングターム・キャピタル・マネジメントの略で、1994年から1999年までアメリカで活動していたヘッジファンドです。

LTCMは、運用にあたって後のノーベル経済学賞受賞者らを集め、高度な金融工学理論を駆使し、「ドリームチーム」と呼ばれていました。

その運用方法は、債券の裁定取引(アービトラージ)がメインでした。債券(既発債)は株式のような取引市場がなく、基本的には金融機関同士の相対取引であり、同じ債券でも取引相手によって一定の価格差(金利差)が生じます。そこで、本来の価値と比べ割安な債券を買うとともに、割高な債券を売るポジションを取ります。理論上、両者の差は次第に縮まるので、一定期間が経ってから反対売買を行うことで確実に収益を上げることができるというわけです。

LTCMが画期的だったのは、こうした裁定取引をコンピュータにより自動的に判断し、多数の債券について発注するシステムを構築したことでした。ただし、各々の裁定取引での利幅は小さいため、大きなレバレッジを掛けていました。

図表4　LTCMの資産推移

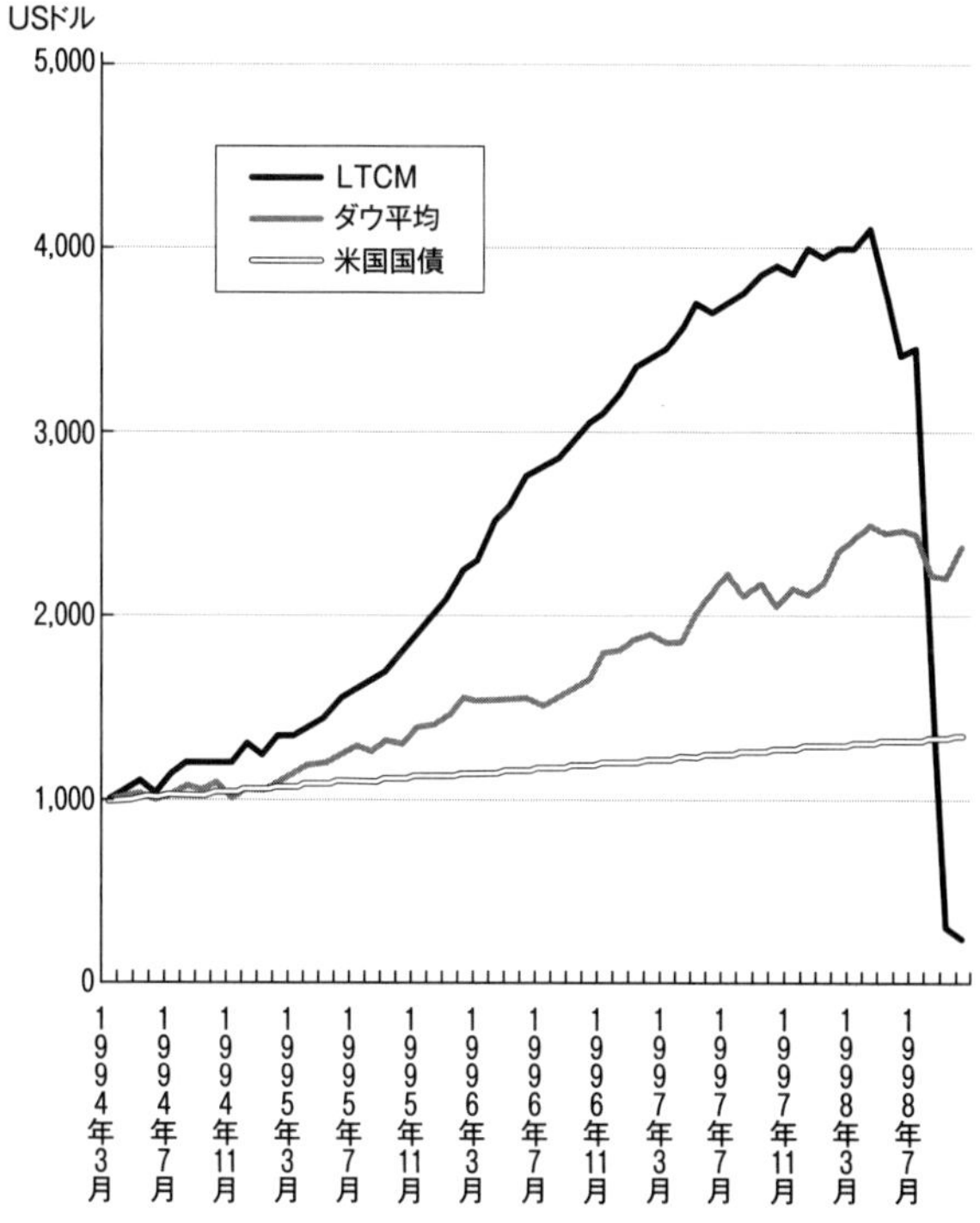

※1000ドルを投資した場合の資産価値の推移

著者作成

結果的にＬＴＣＭの運用は１９９８年初めまで大きな成功を収め、当初の資金は４年間で４倍に膨れ上がり、年間平均の利回りは40％を上回ったといわれます。

しかし、その成功は長くは続きませんでした。１９９７年に発生したアジア通貨危機と、その煽りを受けて１９９８年に発生したロシア財政危機で状況が一変したのです。

ＬＴＣＭはロシア国債が債務不履行を起こす確率は理論上、１００万年に３回(シックス・シグマ)だと計算していました。ところが、１００万年に３回のはずだった事態が、実際に起こったのです。

ＬＴＣＭが行った最先端の金融工学に基づく運用手法そのものが悪かったわけではありません。実際、ＬＴＣＭの破綻が避けられそうになくなった際も、バークシャー・ハサウェイ、アメリカン・インターナショナル・グループ、ゴールドマン・サックスといった名だたる金融機関がＬＴＣＭの買収を提案しました(ＬＴＣＭ側が拒否)。それだけＬＴＣＭの持つノウハウが魅力的だったのでしょう。

しかし、金融市場では時として理論や常識では考えられないような事態が起こります。そうした事態の前では、最先端の金融工学もなすすべがありません。そして、大きなレバレッジを掛けていたことが、ＬＴＣＭにとどめをさしました。

理論や常識に頼りすぎることの危険性を「ＬＴＣＭ事件」は示しているのだと思います。

短期のリターンは気にせず、レバレッジも利用しない

「アルケゴス事件」においても「ＬＴＣＭ事件」においても、その運用スタイルは短期的なリターンの最大化を目指すもので、そのため高いレバレッジを掛けていました。それは、理論的な裏付けがあり、豊富な金融業界における経験にも支えられたものだったのでしょう。

しかし、繰り返しになりますが、金融市場では時には理論や常識が通用しないような事態が発生します。そのとき、高いレバレッジが致命傷になるのです。

この点、ヨーロッパの富裕層はまったく逆です。短期のリターンは追わず、基本的には10年、20年、さらには30年以上の長期視点で運用します。リーマンショックのような金融危機が起こってもほとんど動じることはありません。

なぜなら、ヨーロッパの富裕層はその資産運用において、レバレッジをほとんど掛けていないからです。そのため、マージンコール（追証）が発生し、暴落した資産を投げ売りする必要に迫られ

たりすることがありません。

結果、一時的に価格が下がっても慌てることなく、そのままポジションを維持し続けることができます。するとそのうち資産価格はまたもとに戻り、トータルでみれば資産は増え続けるのです。

「金融市場では時として理論や常識では考えられないような事態が起こる。そうした事態の前では、最先端の金融工学もなすすべがない」

Pick Up Words

重要なのは何に投資するかより誰に任せるか

短期のリターンは気にせず、レバレッジも利用しないヨーロッパの富裕層がその資産運用において唯一、重視しているのが、「誰に任せるか」ということです。

具体的には、どのプライベートバンク、あるいはファミリーオフィスに資産運用を託すかということです。その選定のためには、時間をかけて経営層と話し合い、お互いの価値観や投資戦略を擦り合わせます。

そして、いったん「誰に任せるか」を決めたら、実際の投資商品の選択や配分は、基本的にプライベートバンクやファミリーオフィスに一任します。自分であれこれ指示すると、どうしても気になってしまうからです。運用状況の報告も四半期または年1回です。長期的な運用では、毎月のパフォーマンスを気にしても意味がないと考えているからです。

一方、富裕層から資産運用を任されたプライベートバンクやファミリーオフィスは、自社ではファンドなどの投資商品を組成しません。世界中から、顧客の考えや方針に合致した金融商品などを探し、それらを適切に組み合わせて預かった資産を配分します。中には、運用についてもエクスターナル・アセット・マネージャー（外部運用会社）と呼ばれる外部の第三者を選び、委託しているケースもあります。

これが何を意味しているかというと、富裕層を顧客とするプライベートバンクやファミリーオフィスは、富裕層や資産家にとっては資産を安全に守るプラットフォームとしての役割を果たし、同時に顧客のニーズや状況に対して最適な各種サービスを選ぶ目利きの役割を担っているのです。さらには必要に応じて、法務、税務、教育、ビジネスなどにおける専門家をつなぐネットワークの軸になることもあります。

こうしたプライベートバンクやファミリーオフィスの本質的価値は、大きく分けて2つあると思います。

第一に、徹底的な顧客目線です。顧客の顕在的および潜在的なニーズをくみ取り、本気で顧客資産を何十年、何百年と守り継ごうという歴史と伝統に裏打ちされた様々なサービスは、たとえＡＩ（人工知能）などが進化したとしても決して真似できないものです。

第二に、収益基盤が安定しており、さらに売上を追求しなくても生き残るビジネスモデルだということです。富裕層の巨大な資産が少数精鋭の経験豊富なプロフェッショナルの差配によって運用されているため、すでに収益基盤が安定しているプライベートバンクやファミリーオフィスは無理に新規の顧客から手数料等を獲得する必要がありません。だから顧客との関係において、長期的な取引を考えた活動ができます。

日本の富裕層も、どの金融機関と付き合うか選択する場合、こうした点をよく考えてみるべきだと思います。

ファミリービジネスが「王道」、運用や節税は「脇役」

ヨーロッパの富裕層は、一族の歴史を非常に大切にしていると述べましたが、それと密接に関連しているのがファミリービジネスです。

ヨーロッパの富裕層は、先祖代々引き継いできた資産を保有するほか、本業としてそれぞれファミリービジネスを手掛けているケースが少なくありません。ファミリービジネスといっても決して規模が小さいわけではなく、高級ファッションブランドや高級スポーツカーメーカーなど大手企業に匹敵するようなケースもあります。

ただ、上場することは考えていません。四半期決算など短期的な収益に振り回されるより、長期的視点で経営するほうがうまくいくと考えているからです。

本業であるファミリービジネスには当然、力を入れており、安定したキャッシュフローを生み出すことを重視しています。その分、無理な節税対策などにはあまり関心がありません。働くときはバリバリ働き、払うものは払うというスタンスなのです。もともとヨーロッパのいくつかの国には相続税がありませんし、資産の大部分を信託や財団に移しているということもあるでしょう。

日本にも以前は、そうした先祖代々の伝統と家業を大切に守る富裕層がいたはずなのですが、最近の新興資産家にはそのような気風があまり感じられないように思うのは私だけでしょうか。

「ヨーロッパの富裕層は、
先祖代々引き継いできた資産を保有するほか、
本業としてそれぞれファミリービジネスを
手掛けているケースが少なくない」

Pick Up Words

ファミリーオフィスの種類とタイプ

なお、ここでもうひとつ触れておきたいのは、近年、欧米のファミリーオフィスに質的な変化が起こっていることです。

そのことに触れる前に、ファミリーオフィスについて簡単に説明しておきます。

ファミリーオフィスとは、一般的に数十億円以上の資産を保有する一族のために、投資や資産運用のほか、税務、会計、法務、子弟教育などの高度かつ専門的なサービスを提供し、一族の将来にわたる繁栄をサポートするプロフェッショナル集団のことです。

その歴史的な経緯やタイプは様々で、近代以降、ロックフェラーやカーネギーなどアメリカの財閥とともに発展したものが有名ですが、ヨーロッパでも中世以降、貴族などの顧問として発展してきました。

感覚的にいうと、アメリカ型のファミリーオフィスのほうが機能的でスマートであり、投資や資産運用においては比較的アグレッシブです。一方、ヨーロッパ型のファミリーオフィスは歴史と伝統、そして何より信用を重んじ、どちらかというと保守的です。

ファミリーオフィスについては、「マルチ」と「シングル」の区分も重要です。

マルチ・ファミリーオフィスは、どちらかといえばプライベートバンクの派生系といえるでしょう。複数の富裕層を相手にした投資や資産運用サービスにプラスして、税務や会計、法務などのサービスを提供するのです。

一方、シングル・ファミリーオフィスは、特定の富裕層ファミリーが自分たち専属のプロ集団を雇っているものです。そういう富裕層ファミリーは、それこそ何千億円、何兆円というレベルの資産を持っており、素人の自分たちが管理していては危ないということが分かっています。そこで、投資や資産運用はもちろん、様々な分野のプロを専属で雇っているのです。

私の知っているあるシングル・ファミリーオフィスには、100人以上のプロがいて、世界中に拠点を構えています。

そのレベルの富裕層になると、ファミリーの人数も多く、「ファミリー憲章」をつくるのが当たり前になっています。ファミリー憲章には通常、一族としてどのように結束を図っていくのかといった理念が書いてあるほか、資産の管理や配分についての方針、メンバーの範囲や権利なども定めています。

「ファミリー憲章」は一族の掟であり、破れば追放されることもあります。「ファミリー憲章」の内容は時代に合わせて見直すこともありますが、一族だけの合意事項として対外的には秘密にされています。

世界的なカネ余りが生んだファミリーオフィスの変容

さて、こうした伝統的なファミリーオフィスのあり方がここ10年ほどで、様変わりしてきています。

何が変わったかといえば、まずその数です。2010年に世界中で1000にも満たなかったものが、直近では7000とか1万にまで増えているとされます。

なぜこれほど増えているかというと、リーマンショック後、金融当局による規制が強化され、ヘッジファンドの運営がしにくくなったことが関係しています。

規制強化によって、アメリカでは多くのヘッジファンドが米国証券取引委員会（SEC）への登録と、定期的な運用状況の報告をしなければならなくなり、積極的なレバレッジ運用が難しくなりました。

そこで大手のヘッジファンドの中には、顧客から預かった資産を返却し、自己資産のみの運用に切り替えるところが増えています。「アルケゴス事件」のアルケゴス・キャピタル・マネジメントもそうしたケースです。

また、リーマンショック後の景気回復の過程で世界的なカネ余りが発生し、資産家層に富が集中しています。

米誌フォーブスによると、保有資産が10億ドル（約1000億円）を超えるビリオネアは、2010年に1011人、その保有資産の合計は3・6兆ドルでした。それが2021年には2755人、13・1兆ドルとなり、人数で約3倍、保有資産は約4倍に膨らんでいます。

そうした資産がファミリーオフィスに流れ、ファミリーオフィスの資産運用総額はすでにヘッジファンドのそれを超えていると見られています。

最近、アーンスト・アンド・ヤングがまとめたレポートでは、ファミリーオフィスの運用規模は5・9兆ドル（約590兆円）にのぼるといいます。

数が増え、運用する資産も大幅に増えたことから、ファミリーオフィスの資産運用スタイルも変わりつつあります。

従来は、債券や上場株を中心とした長期分散投資が基本でしたが、近年は未公開株や不動産などのオルタナティブ（代替資産）にも積極的に投資しているようです。

しかし、アルケゴスのような少数銘柄に絞ったハイレバレッジの運用を行うファミリーオフィスはまだごく一部だと思います。

ファミリーオフィスはもともと個人資産を運用するため、年金基金や保険会社、あるいはファンドなどの機関投資家に比べて規制が緩く、リスクを取りやすいといえますが、「リスクを取れる」ことと実際に「リスクを取る」ことは別です。

伝統的なファミリーオフィスと、一部の新興ファミリーオフィスは質的に大きく異なるのです。

第2章のまとめ

・ヨーロッパの富裕層は、お金を日常的に使うお金、事業のために使うお金、子孫のために使うお金、社会のために守るお金の4つに分類している。

・ヨーロッパの富裕層のお金との付き合い方は、派手さもなければ特別なテクニックもない。それを10年、20年どころか何十年も続けているところに凄みがある。

・金融市場では時には理論や常識が通用しないような事態が発生する。そのとき、高いレバレッジが致命傷になる。

・ヨーロッパの富裕層はその資産運用において、レバレッジをほとんど掛けていない。一時的に含み損が発生しても慌てることなく、そのままポジションを維持し続けると、そのうち資産価格はまたもとに戻り、トータルでみれば資産は増え続ける。

・短期のリターンは気にせず、レバレッジも利用しないヨーロッパの富裕層がその資産運用において唯一、重視しているのが「誰に任せるか」ということ。

・選定のためには、時間をかけて経営層と話し合い、お互いの価値観や投資戦略を擦り合わせる。

第3章

だまされるな!
投資を始める前に
知っておくべきこと

Wealth Management

だまされないことが「金融リテラシー」の第一歩

投資においては「金融リテラシーが大事」ということをよく聞きます。「金融リテラシー」と言うと、高度な投資理論や財務諸表の分析スキルなどをイメージする人も多いかもしれません。しかし、「金融リテラシー」はそれだけに限りません。むしろ、私が大事だと考えるのは、詐欺にひっかからない、ということです。

警察庁の発表によると、「オレオレ詐欺」などの特殊詐欺は2020年の1年間に1万3550件あり、被害額は285億円あまりになるそうです。

いずれも前年に比べて減少し、特に被害額は過去最高となった2014年(565・5億円)から半減していますが、それでも依然として高齢者を中心に被害は続いています。1日当たりの被害額は約7790万円、1件当たりの被害額は220万円ほどです。

こういう話を聞くと多くの人は、「オレオレ詐欺にひっかかるなんて、判断力が鈍った高齢者の話だろう」「自分は大丈夫。怪しい手口なんてすぐ分かる」と思うのではないでしょうか。しかし、そんなことはありません。

コロナ禍で増えている怪しい誘いの数々

例えば、「PPP(プライベート・プレイスメント・プログラム)運用」や「MSA資金」というワードでネット検索してみてください。たくさんの情報が出てきます。

読んでみると、基幹産業を対象に長年運用されてきた資金があり、それを特別に貸すとか、日本に送金するため口座を貸してくれれば仲介手数料が出る、というような話です。

最近も私のところに、「PPPってどうですか?」という問い合わせが重なり、「M資金と同じ都市伝説の類ですよ」と答えています。

同時に尋ねるのは、「それは誰が持ってきた話ですか」ということです。そんなに素晴らしい話であれば、そして相手が富裕層や資産家、あるいは企業のVIPであれば、金融機関の役員クラスが本来持ってくるはず。ブローカーのような有象無象の人間が声を掛けてくる時点で怪しいのです。

昔から詐欺師は、その時々の流行のテーマに沿った怪しい話を持ちかけてきます。

例えば、今回のコロナ禍では、財務省の名をかたって「新型コロナウイルスに関する特例給付を行う」旨のメールがあちこちに送られてきていたそうです。

普通に考えればありえないはずですが、コロナ禍で資金繰りが苦しくなった経営者などの中には

「ひょっとして」と思う人が出てきてもおかしくないでしょう。

富裕層や資産家がひっかかりやすい手口

昔から、詐欺師は人の心に入り込むのがうまいのです。オレオレ詐欺であれば、子や孫を思う親族の心をうまくついてきます。富裕層や資産家が相手でも同じです。富裕層や資産家ならではの心理的な傾向を上手についてきます。

数年前、ある大手企業の創業者が、「基幹産業育成資金」なる2800億円の資金を提供できるという話に乗って、交渉費や資金を保管する倉庫代などの名目で30億円以上をだまし取られる事件がありました。

逮捕された詐欺グループはこの創業者に「財政法第44条に基づく国際流通基金　長期保護管理権委譲渡契約方式資金」や「国際金融　相関図」といったタイトルの資料を見せ、「基幹産業育成資金」の運用を託すと伝えていたそうです。

それを聞いた創業者は、「ついに自分もここまでたどり着いたか」「自分こそこの幸運にあずかるにふさわしい」と考え、機密保持契約に署名したといいます。

図表5　財務省ホームページに掲載された不審なメールへの注意喚起

令和2年12月1日	財務省の名をかたった「新型コロナウイルスに関する特例給付を行う」旨のメールにご注意ください 財務省の特例通知決定事項として、新型コロナ特例給付金等と称し、13名限定で5億円支払うといった内容のメールが届いたという情報が財務省に寄せられています。 財務省がこのようなメール等を送った事実は一切なく、詐欺等を狙ったメールであると考えられますのでご注意ください。

https://www.mof.go.jp/public_relations/caution/index.html

この事件を聞いて、すぐ思い浮かぶのが「M資金」です。

ご存じの方も多いでしょうが、第二次世界大戦後、連合国軍最高司令官総司令部（GHQ）が占領下の日本から財宝や資産を接収し、その一部を今でも極秘に運用しているとされる秘密資金のことです。「M資金」のMは、GHQ経済科学局長のウイリアム・マーカット少将に由来するとされます。

そんな資金はないにも関わらず、当時から繰り返し大手企業の経営者や有名芸能人などが融資話に乗って詐欺などの被害に遭っています。著名人の中には騙されたことが表沙汰になるのを嫌い、被害届を出していないケースもかなりあるようです。

日本の富裕層や資産家は、意外に100万円とか1000万円の話には細かいのですが、大きな金額になると急に見方を変えることがあります。

金額が大きければ大きいほど、話が荒唐無稽であればあるほど、むしろ自尊心をくすぐられ、「自分は特別な人間だ」「特別な話がくるのも当然」と思い込んでしまったりするのです。

「日本の富裕層や資産家は、意外に
100万円とか1000万円の話には細かいが、
大きな金額になると急に見方を変えてくる」

Pick Up Words

投資もしょせんは人間がやること

オレオレ詐欺にひっかかるのも、巨額融資詐欺にひっかかるのも、人間の心理がなせる業なのだと思います。

投資や資産運用においても、このことをよく認識しておく必要があります。

投資や資産運用はなにも、頭脳明晰で優秀な人にしかできないというわけではありません。人より抜きんでた才能や知識、経験、あるいは誰も知らない情報がないと成功できないということでもありません。

むしろ、常識に沿って、当たり前のことを当たり前のように行えることが極めて重要です。

危険なのは、少しうまくいったらすぐ「自分はうまいのではないか」などと勘違いし、常識が消えてしまうことです。あるいは、投資や資産運用に関係した「ここだけの話」「特別なチャンス」などを信じてしまうことです。

もちろん、欧米のプライベートバンクでは、富裕層や資産家向けのスペシャルサービスを用意しています。

ルーブル美術館を貸し切ってモナ・リザの前でワインを楽しんだり、エルメスの本店を貸し切ってパーティーを開いたりするのは日常茶飯事です。

ただ、そういうサービスを受けられるのは中東の王族などに限られ、普通の人はもちろん普通の富裕層でもまずありえません。

ちなみに、保釈中に海外へ逃亡した大手自動車メーカーの元会長が、ベルサイユ宮殿で結婚式を行ったそうですが、それくらいなら数百万円で普通の人でも受けられるサービスの部類です。しかも、この元会長はそれすら会社の経費で落としていたそうです。

これから増えそうなのは相続がらみの詐欺

一般に金融リテラシーとは、金融に関する知識や情報を正しく理解し、主体的に判断することができる能力をいいます。

金融庁は「最低限身に付けるべき金融リテラシー」として、

①家計管理
②生活設計
③金融知識及び金融経済事情の理解と適切な金融商品の利用選択

④外部の知見の適切な活用

という4つの分野に分け、さらに適切な収支管理やライフプランの明確化など15項目を挙げています。

ただ、私から見ると、③と④を強調しすぎることで、よく分からない難しい話ほどすごい内容なのではないかと受け止めたり、その道の専門家といった人間の話を信じることにつながり、詐欺にひっかかりやすくなる遠因になっているような気もします。

繰り返しになりますが、「金融リテラシー」の第一歩は詐欺にひっかからないことです。富裕層や資産家でも、詐欺にひっかかることがあると肝に銘じておくことです。

そして、投資や資産運用では常識を忘れてはいけません。投資や資産運用における常識とは、論理的思考で根拠を絶えずチェックすることです。

今後も様々な詐欺が出てくるでしょう。これから増えそうなのが、相続がらみの詐欺です。ある大手弁護士事務所のホームページには、その事務所や所属弁護士の名前をかたり、遺産相続を名目とした架空の契約書や手続き書類が送られてきているので注意する旨の注意喚起が掲載されています。

おそらく、海外に在住する遠い親戚が亡くなって、巨額の遺産を相続することになったといった名目で書類などを送りつけてくるものです。私のもとにも同じような内容のメールがいつも、繰り返し来ています。

日本ではいま年間140万近い人が亡くなり、それだけの相続が発生しています。これから同じような手口が広がる可能性は十分あると思います。気をつけてください。

何より大切なのは「バランス感覚」

「金融リテラシー」について言えば、具体的な投資手法や投資商品について学ぶことといったイメージがあるかもしれませんが、そんなことは後回しでいいのです。

そもそも、投資や資産運用に正解はありません。それぞれの性格やリスク許容度、市場の環境などによって変わってくるからです。

まずは、「市場の先行きは誰にも分からない」ということと、「リスクとリターンは結局、比例する」ということをしっかり認識しましょう。

市場の先行きは誰にも分からないとはいえ、金融市場のこれまでの歴史を振り返っておくことは有益です。1990年の日本のバブル崩壊、2000年のITバブル崩壊、2008年のリーマンショックといった金融危機の経緯を今一度、調べてみてください。

リスクとリターンの関係については、「ノーリスクで確実なリターンをうたうのは詐欺」「リスクとリターンは一時的に乖離することもあるが、結局は一定のところに落ち着く」ということを頭に入れてください。


その上で、自分の性格を振り返ってみるのもよいでしょう。よく「日本人は農耕民族だから投資には不向きだ」ということを言う人もいますが、私は違うと考えています。

日本人はどちらかというと、「石橋を叩いても渡らない」タイプと「ついカッとなって我を忘れてしまう」タイプの両極端に分かれる感じがします。

お金を投じる目的が、一攫千金を狙うことであれば(その場合は投資ではなく投機というべきですが)、私が言うことは何もありません。

そうではなく、お金を使って将来の生活の安定を確保しようということであれば、何よりバランスを心がけてください。

バランスは「当たり前」と言い換えてもいいでしょう。世の中にはそんなにうまい話はないこと、どんなプロでも失敗すること、長期、分散こそがお金を守り、増やす王道であること、といった「当たり前」を忘れないことです。

また、将来の生活の安定は投資や資産運用だけで確保すべきものではなく、そこには、働くことによる収入や税負担、逆に社会保障なども関係してきます。投資や資産運用はあくまで手段のひとつです。

ところが、日本人は税制度や社会保障についての理解が弱いようです。そのため、「税金を払うのは無駄」とか「年金財政は必ず破綻する」といった極端な議論に行ってしまい、一攫千金のような詐欺話につい飛びついたりします。

この点でも、バランスはとても重要です。

個人の金融資産はバブル崩壊後、2倍に増加

本書の冒頭で、日本人は「金融リテラシー」がなかなか身に付いていないと言いましたが、知識や情報の面ではそういう傾向がありますが、直感的な面では意外にそうでもありません。

そもそも、日本の家計の金融資産はバブルのピーク時だった1990年に約1000兆円でした。その後、「失われた30年」と呼ばれるデフレ経済が続きましたが、いまは約2000兆円と倍に増

えています。

一方、株価は1989年の12月末に日経平均が3万8915円87銭の最高値を付けてから大きく下落し、最近ようやく30年ぶりに3万円を超えたといってニュースになっている状態です。ちなみに、ヨーロッパやアメリカの株価は、この間におおむね3~10倍に上昇しています。

結局、デフレ経済のもとでは、銀行預金こそが資産を減らさない最良の運用方法だったのです。それには、日本の金融機関が提供する金融商品や金融サービスの質が低いままだったこともあるでしょう。手数料ばかり高い投資信託やラップ口座、株式や投資信託の回転売買ばかり勧める営業担当者などです。

そう考えれば、「金融リテラシー」などという小難しいことを知らなくても、多くの日本人は直感的に正しい判断をしていたといえるかもしれません。

「日本人は税制度や社会保障についての理解が弱い。
そのため、「税金を払うのは無駄」とか
「年金財政は必ず破綻する」といった
極端な議論になってしまい、
一攫千金のような詐欺話に飛びついたりする」

Pick Up Words

これからは「金融リテラシー」を高めることがやはり必要

では、これからも金融資産の大部分を銀行預金にしておけばいいのか、直感的に運用方法を選択すればいいのかといえば、それはまた別の話です。

巨視的に見ればここ40年ほど、日本だけでなく世界中で金利はほぼ一貫して低下してきました。そしていまや、日本だけでなく欧米でも長期金利がほぼゼロかマイナスというところにまで来ています。

金利がマイナスというと、「金利を払ってお金を預けるのか?」と思われるかもしれませんが、そんなことはなくて、実際には預金の出し入れや口座の維持に手数料がかかる分、マイナスになるということです(ヨーロッパのプライベートバンクではマイナス金利もありですが)。

しかし、こうした金利低下もそろそろ底打ちではないかと思います。コロナ禍が落ち着いて経済活動が再開する中、世界的に半導体やエネルギーなどの供給不足から、物価が上昇傾向にあります。

これが本格的なインフレにつながるかどうかは、まだはっきりしませんが、長期金利がこのままかどうかは見方が分かれるところです。

リスクヘッジという意味では、金利が反転上昇トレンドに向かう可能性を頭に入れておくべきでしょう。

また、ここにきてネット証券やＩＦＡなどの一部で、質のいい金融商品や金融サービスを提供しようという動きも出てきたように感じます。

そうなると広い視点で「金融リテラシー」を高めることが当然、必要になってきます。

「長く続いた金利低下トレンドも底打ちか。
金利上昇の可能性を視野に入れる」

Pick Up Words

投資や資産運用における認知バイアスの影響

「金融リテラシー」のひとつとして、特に強調しておきたいのが認知バイアスについての理解です。「認知バイアス」とは先入観や思い込みのことです。人間の認知能力には限界があり、情報の収集、分析、判断、行動においてどうしても偏りや誤りが生まれます。認知心理学などで取り上げられる認知バイアスは、100種類以上あるともいわれます。代表的なものをいくつか挙げてみましょう。

〈アンカリング〉

アンカーとは船の「錨」のことです。目に留まった情報や自分の先入観などがアンカーとなり、その後の判断がひきずられてしまうことを指します。

アンカーとしては、繰り返し目にする報道や有名人、著名人のコメント、過去の成功体験の記憶など様々なものがあります。

〈確証バイアス〉

投資や資産運用において特定の判断をした後、自分に都合のよい情報だけを集め、それによって自分の判断を正当化しようとすることです。

例えば、「この株は上がるに違いない」「相場はこう動くだろう」などと考えてポジションを取ったら、無意識のうちにそれを補強する情報を集め、反対の情報については過小評価してしまうことは、投資家なら誰しも経験があるでしょう。

インターネットの普及もあり、膨大な情報に接することが可能になればなるほど、確証バイアスのリスクは高まります。

〈恒常性バイアス〉

予想していなかったような相場の異変が生じたとき、「自分は大丈夫」「今回は大丈夫」などと過小評価し、無視しようとすることです。

特に、過去の成功体験が大きく、自信を持っているような人ほど、失敗を認めたくないという心理が働き、対応が遅れがちになります。

含み損が膨らんでいるのになかなか損切りできず、むしろナンピン(値下がりした銘柄をさらに買い増すこと)してしまうことにつながったりします。

他にもいろいろな認知バイアスのパターンが知られていますが、難しいのはそうした認知バイアスの結果、実際にはうまくいくこともある点です。後になってみないとプラスの影響だったのかマイナスの影響だったのかは分かりません。

認知バイアスと似た考え方に、「ヒューリスティクス」があります。これは「発見的手法」などと訳され、ある程度、正解に近い答えを見つけ出すための経験則や発見方法のことです。

私たちは複雑な問題に直面したり、一定の時間内に判断をくださなければならないようなとき、過去の経験やどこかで聞いた話などを参考にして意思決定を行っています。

このやり方は、判断までにかかる時間は短いですが、必ずしも正しいわけではなく、当然、一定の偏り（バイアス）を含んでいることが考えられます。

「認知バイアス」と「ヒューリスティクス」は、投資や資産運用においても逃れることはできないでしょう。

問題はどう付き合うかということです。

この点、第2章で触れた「レバレッジ」と似ていると私は考えています。つまり、理論に基づいていくら精密な手法を駆使しても、市場の動きを完璧に予測することはできません。そのため、過度なレバレッジが時として致命的な結果を招きます。それを避けるには、レバレッジを下げるのが一番です。

「認知バイアス」と「ヒューリスティクス」も同じで、複雑な問題を短時間で判断しようとしたりせず、判断が必要な課題に対してはできるだけシンプルに、時間をかけて対応するようにすればいいのです。

これが実は、詐欺話を避けるためにも有効なはずです。また、ヨーロッパの富裕層が資産運用の基本としている、「長期・分散・ほったらかし」という戦略にも合致するのです。

「過去の成功体験が大きく、自信を持っている人ほど、失敗を認めたくないという心理が働き、対応が遅れがちになる」

Pick Up Words

取引相手を「見切る」力を磨く

いまの時代、投資や資産運用は、ネット証券に口座を開けば、自分自身の判断と才覚でできないことはありません。しかし、本業のある人や金融取引の経験が少ない人にとって、自分の判断や才覚で行うことはむしろリスクを高めます。

これからこつこつ、積立によって資産形成していく段階の人なら、自動積立のような方法でもいいかもしれませんが、ある程度まとまった資産で投資や運用を行う場合は、金融の様々なプロの力を借りるほうがリスクを抑えられ、パフォーマンスも安定するという意味で合理的です。

ただし、プロと言っても誰でもいいわけではありません。取引相手を「見切る」力を磨く必要があります。すなわち、「何に投資するか」よりも「誰と取引するか」のほうが問題なのです。

そもそも、不特定多数からお金を集めたり、運用したり、仲介したりするには、一定の資格が必要です。資格もないのに「儲かる話がある」「すごい人を紹介する」などと誘ってくる人を信じてはいけません。

また、資格を持っていたとしても、それだけで信用できるかというとそうでもないのが難しいところです。名前の通った金融機関の担当者だというので取引したのに、トラブルに巻き込まれるケースが後を絶ちません。

ここでは、証券・金融商品あっせん相談センター(略称フィンマック)のホームページに掲載された事例をいくつか要約して紹介しておきましょう。

なお、フィンマックは株式や投資信託、債券など様々な金融商品の取引を巡るトラブルについて、金融庁の指定を受けて中立・公平な立場での解決を図る金融ADR(Alternative Dispute Resolution)機関です。法律に基づく7つの自主規制団体の連携・協力のもとで運営され、金融商品取引に詳しい専門の相談員やあっせん委員(弁護士)が、中立的立場で相談等に応じてくれます。

事例1　株式取引における説明不足

〈申立人(女性、70代後半)の主張〉

自らの投資方針と異なり、被申立人(金融機関)から外国株式や国内株式等を頻繁に勧誘されて取引した結果、大きな損失(430万円)を被ったため、賠償を求めた。

〈被申立人(金融機関)の主張〉

勧誘が増えたことは認めるが、取引回数等から見ても頻繁とまではいえず、また、勧誘時においては総じて友好的な会話が通話記録に残されており、申立人の了解を得た上で取引している。担当者の提案に基づき取引した結果、損失が発生したことは遺憾だが、違法行為はなく、申立人の要求には応じられない。

〈紛争解決委員の見解〉

申立人の取引回数等からすると過当取引であったとまでは捉えられず、当事者双方から提出されている書面に照らすと、被申立人の勧誘に違法性があったと断定することは難しい。しかし、申立人はもともと高齢であり、かつ積極的な投資を行っていたわけではなく、被申立人はより慎重で丁寧な説明を心がけるべきであったと思われる。被申立人において一定の金銭を支払って解決を図ることが望ましい。

〈結果〉

被申立人が10万円を支払うことで双方が合意し和解が成立した。

事例２　ファンド取引における適合性の疑念

〈申立人（男性、70代後半）の主張〉

保有していた株式を売却し、被申立人の担当者が勧めた株式等で運用を始めたが、同担当者は損失が膨らんでも報告することはなく、結果として大きな損失（5000万円）を被ったので、損害金の賠償を求めた。

〈被申立人（金融機関）の主張〉

担当者は、申立人の株式等の取引において、提案の都度、申立人に説明を行って、売買の意思を確認していたが、担当者による行き過ぎた勧誘行為があったことは否めないと認識している。よって、あっせんにより、話し合いによって解決したい。

〈紛争解決委員の見解〉

本件ブル・ベアファンドは相場に詳しい人や毎日相場を見ている人が取引するものであり、適合性に疑念がある。また、一回の取引金額も大きく、ブル・ベア両建ての取引をしている時もあった。被申立人は申立人に商品知識がないことを知りながら取引を続けていたとも思える。以上のことから損失の5割程度の金額を支払う和解案を提案する。

〈結果〉

被申立人が1250万円を支払うことで双方が合意し和解が成立した。

フィンマックのホームページには、他にも驚くほど多数の事例が掲載されており、しかもそのパターン（説明義務違反や適合性原則の逸脱、過当売買など）が似通っているのが特徴です。なお、和解成立となるケースもあれば、不調打ち切りとなるケースもあります。

フィンマックへの相談や苦情処理は無料ですが、あっせんを依頼する場合は損害賠償の請求金額に応じて2000円程度から5万円程度の費用がかかります。

第3章のまとめ

・「金融リテラシー」とは、高度な投資理論や財務諸表の分析スキルだけではなく、まず詐欺にひっかからないこと。

・詐欺師は人の心に入り込むのがうまく、富裕層や資産家が相手でも同じ。富裕層や資産家ならではの心理的な傾向を上手についてくる。

・投資や資産運用で危険なのは、少しうまくいったらすぐ「自分は上手ではないか」などと勘違いし、常識が消えてしまうこと。

・投資や資産運用における常識とは、論理と根拠を絶えずチェックすること。

・「何に投資するか」よりも「誰と取引するか」のほうが問題。

第4章

実践!
長期的にお金を守り
増やすための投資戦略

Wealth Management

投資戦略の基本は「長期」「分散」「ほったらかし」

本章では、ヨーロッパの富裕層の投資や資産運用のスタイルを参考にしつつ、実際に長期的にお金を守り、増やすための投資戦略について解説します。

結論から先に言えば、私はそもそも投資や資産運用で成功する鍵は「長期」「分散」「ほったらかし」だと考えています。これらは、ヨーロッパの富裕層が数百年にわたってその資産を築き、守り抜いてきた鉄則です。

第一に、投資は長期スタンスで行うべきです。

長期とは、1~2年のことではありません。最低でも5年、普通は10年、できれば20年から30年くらいのスタンスで取り組みたいものです。

これくらいのスパンで考えれば当然、市場がいい時もあれば、悪い時もあります。長期投資家にとってはリーマンショックのような出来事(イベント)も単なるノイズであり、それは今回のコロナ禍についても同じです。目先の変化にとらわれず、大きな流れに乗っていけばいいのです。

逆に、短期的なリターンにこだわることは、本来の投資とは違うことと言ってもいいでしょう。

目先の相場の動きに一喜一憂し、ちょっと値上がりするとすぐ利食いしたり、悪い状況になると心理的に耐えられず、相場の大底で損失を確定させたりしがちです。

最近、証券口座を開設して投資を本格的に始めた若い世代のみなさんには、時間の余裕が十分あるのですから、ぜひ長期スタンスを忘れないようにしていただきたいと思います。

第二に、投資対象を分散することが大事です。金融市場には様々な商品があり、それらの中から逆相関や無相関の関係にあるものを選び、組み合わせます。

こうした投資対象の分散は、「リスク」を抑えることにつながります。一般的にリスクとは「危険なこと」「避けるべきこと」という意味で使われますが、金融の世界でリスクとは「相場変動」やそれにともなう「損益（リターン）の振れ幅」のことを指します。

「リスクが大きい」とは、「相場が大きく変動する」ことであり、「想定以上に儲かるかもしれないし、思わぬ損失を被るかもしれない」ということです。

特定の商品（銘柄やアセットクラス）に資金を集中することは、相場変動の影響を受けやすくなります。投資においてよく言われる「卵はひとつのカゴに盛るな」という格言はそのことを表しています。

また、相場変動は投資家にとっては心理的なストレスにつながり、認知バイアスによる判断のブレを拡大しかねません。

投資で大事なのは大勝ちすることではなく、大負けして市場から退場することを避けることです。そのためにこそ、分散が欠かせません。


第三に、ほったらかしにしておくことです。

これも心理的なストレスを抑えることにつながりますが、重要なのは「ほったらかしにできる状態をつくる」ことです。

「ほったらかしにできる状態をつくる」には、レバレッジは掛けません。レバレッジを掛けると確かに投資効率を上げることができますが、同時に相場変動の影響を受けやすくなります。相場の動きがつい気になり、ほったらかしどころではなくなります。

また、リターンなどの数値目標は設定しません。唯一、目指すのは、株式指数などの参照対象（ベンチマーク）を上回るパフォーマンスを出すことです。

さらに、運用資金がある程度、まとまった額であれば、ヨーロッパの富裕層が実践しているように、こちらの投資や資産運用の考え、目的を十分、理解してくれるプロを選び、基本的な方針を確認した上で、あとの具体的な投資対象の選択や資金の配分は任せます。

「長期投資家にとってはリーマンショックのような
出来事（イベント）も単なるノイズであり、
それは今回のコロナ禍についても同じ」

Pick Up Words

長期投資に出口戦略はいらない

投資戦略においてよく聞くのが「出口戦略」という言葉です。出口戦略とは、取得した資産をどこかの時点で売却し、利益を確定させることをいいます。

しかし、「出口戦略」という考えには、短期のリターンを重視する発想が根底にあるように思います。日本人の富裕層や資産家の多くも、短期間での絶対リターンを求める傾向が強く、そのため「出口戦略」を気にします。

一方、長期投資には基本的に、出口戦略はいりません。出口戦略がいらないので、売買のタイミングを気にすることもありません。

私は欧米の金融機関で運用の責任者を務めていたこともあり、多くのトレーダーを部下に持っていました。そのときの経験から言うと、天才的なトレーダーでも、ひとつひとつの取引での勝率は5割ちょっとです。ただ、年間を通して見ると、ほぼ100%勝ち越すトレーダーは確かにいます。

その他の凡庸なトレーダーとの違いは、損切りと利食いのタイミングの判断に尽きます。「損切りは早く、利食いは遅く」というのが鉄則なのですが、多くの個人投資家はもちろん、プロのトレーダーでも損切りが遅く、利食いが早いケースがほとんどなのです。

結果的に、「損切りは遅く、利食いは早く」ということになり、やればやるほど負けていきます。当たり前のことです。

それを避けるには、売買のタイミングにこだわらなければいいのです。それには、出口戦略を気にしないことです。

結果的にそれは、「ロングオンリー」のポジションということになります。ヨーロッパの富裕層はまさに、「ロングオンリー」を徹底しています。

ポイントは「ロング」の期間です。日本人は、富裕層を含めてせいぜい2~3年、長くても5年くらいでしびれを切らしてしまいます。ヨーロッパの富裕層は、20年、30年は当たり前です。

「長期投資には基本的に、出口戦略はいらない。
出口戦略がいらないので、
売買のタイミングを気にすることもない」

Pick Up Words

長期投資でも流動性は重要

ヨーロッパの富裕層は出口戦略にこだわらず、「ロングオンリー」のポジションを基本としますが、投資対象の流動性は重視します。流動性の低いものには投資しないということです。

流動性の低いものとは、具体的に言うと不動産などの実物資産です。実物資産はなんとなく安心感があるということで日本人は好みますが、金融危機などの際には売るに売れず、大きな損失の原因になったりします。

一方、流動性の高いものとは、株式や債券、それらを組み込んだ投資信託などです。経済がグローバル化し、金融市場が高度に発達した現代においては、何百兆円、何千兆円というお金が日々、絶え間なく取引されています。そうした取引の多くを占めるのは、標準化され、数値化された上場株式や債券、投資信託なのです。

ヨーロッパの富裕層は基本的に、こうした金融商品を資産運用のメインに据えています。「株式や債券は最悪、ただの紙切れになる」と日本ではよくいわれますが、そんなことはありません。むしろ、不動産や自社株など流動性が低い資産を国内に多く保有しているほうが、リスクが高いと私はみています。

個人的には、純金融資産が5億〜10億円クラスの富裕層であれば、ポートフォリオに不動産のような実物資産はいっさい入れず、株式や債券を中心に一部、派生商品（デリバティブ）を組み込む程度で十分だと思います。

そして、50億〜100億円クラスの富裕層になれば、分散投資のために多少、実物資産を組み込むことを検討すればいいでしょう。

長期投資では債券より株式が中心

ヨーロッパの富裕層はさらに言うと（アメリカの富裕層もそうですが）、金融商品の中でも株式の割合が高い傾向がみられます。それも個別株ではなく、株式指数をベースにした投資信託やETF（上場投資信託）です。これは、欧米の株式市場が10年単位で見た時、上昇トレンドを維持していることもあるでしょう。

一方、日本の富裕層のポートフォリオはこれに比べ、株式が少なく、債券が多いのが一般的です。バブル崩壊後、長年にわたって株式相場が低迷していたこと、短期的な絶対リターンを求めることにより、債券を好む傾向が強いからです。

しかし、長期投資という観点からみた時、基本的には債券よりも株式が中心となります。なぜなら、株式（エクイティ）はその発行体である会社が倒産しない限り、そのまま持ち続けることができ、「ロングオンリー」に適しています。

それに対し、債券（デット）は基本的に表面利率が決まっており、せいぜい10年程度で満期が来ます。一定のリターンを確実に得るには適していますが、長期的に見た場合、株式よりパフォーマンスで劣ることは否めません。

そもそも、世界的にこれだけ金利が低いと、債券のリターンはあまり期待できません。逆に今後、金利が上昇する状況になれば、債券の市場価格は下がることになり、やはりパフォーマンス的には厳しいでしょう。

なお、もし債券を投資対象とするのであれば、「ココ債」と呼ばれる金融商品があります。これは、ＣｏｎｔｉｎｇｅｎｔＣｏｎｖｅｒｔｉｂｌｅＢｏｎｄｓの略で、日本語では「偶発転換社債」などと訳されています。

以前から金融市場では、「転換社債」（ＣＢ：Ｃｏｎｖｅｒｔｉｂｌｅ Ｂｏｎｄｓ）という債券があり、広く取引されています。転換社債は投資側が、株価が一定程度上がれば株式に転換する権利を持っている分、一般の社債に比べて低い利回りで発行されるものです。

「ココ債」はこれとは反対に、債券の発行体が一定の条件になった時、株式に転換することができる権利を持っており、一般の債券に比べて高い利回りで発行されます。

ココ債が最初に発行されたのは10年ほど前のことで、現在、ヨーロッパの金融市場では十数兆円のココ債が流通しています。利回りは一般的な国債や社債より魅力的です。

もうひとつ、債券を考えるのであれば、仕組債の一種である「クレジットリンク債」も面白いでしょう。これは、クレジットスワップを証券化することで発行される仕組債で、投資家は高い利息収入を得る代わりに、発行体の破綻リスクと参照クレジット（参照銘柄）の値下がりリスクを負うものです。

参照クレジット次第という部分はありますが、欧州危機の時のように一時的に信用リスクが高まる場面で、魅力的な投資対象になることもあります。ただ、一般的に流動性が低く、その点には注意が必要です。

「長期投資という観点から見た時、基本的には債券より株式が中心となる」

Pick Up Words

「バリュー投資」と「グロース投資」

株式投資における戦略としてよく聞くのが、「バリュー投資」と「グロース投資」という言葉です。これは投資信託やＥＴＦの分類としてもみかけます。

「バリュー投資」は、企業の実態に比べて、株価が割安な銘柄に投資する手法です。一般的には、ＰＥＲ（株価収益率、「株価÷１株あたりの利益」）やＰＢＲ（株価純資産倍率、「株価÷１株あたりの純資産」）という指標を用いて判断します。

これらの指標が低い銘柄は割安であり、将来、大きく値上がりする可能性があると考えるわけです。

また、「バリュー投資」では、株価が割安なため配当利回りが高くなりやすく、株価がさほど上がらなくても、インカムゲインが期待できます。

一方、「グロース投資」は、企業の売上高や利益が伸びている企業に投資する手法です。そうした企業は一般的に成長性や将来性に対する評価が高いことから、ＰＥＲやＰＢＲは市場平均よりもかなり高くなります。しかし、売上高や利益が伸び続ければ株価も上昇を続け、大きなキャピタルゲインを得ることができます。

以上が「バリュー投資」と「グロース投資」の一般的な説明ですが、勘違いも少なくないようです。「バリュー投資」については、低ＰＥＲ銘柄や低ＰＢＲ銘柄を対象とすることが多いのはその通りです。ただ、その企業の本来の価値に比べて株価が低いから低ＰＥＲ、低ＰＢＲということならいいのですが、そうでなければただの〝クズ株〟拾いになってしまいます。

「グロース投資」については、往々にしてブームやトレンドを巻き起こしている成長産業のリーダー企業に投資することになってしまいます。しかし、成長産業を見つけることと、その成長産業において勝ち残る企業を見分けることは別です。

例えば、ＩＴのように変化が激しい業界の場合、個別企業の成長スピードは速いものの、他のビジネスモデルに取って代わられ、旬が過ぎるのも速いというのはよくあることです。

そもそも株価は理論的に、将来のキャッシュフローを割引率（リスク・フリー・レートとリスク・プレミアムの和）で割り引いて得られる現在価値の総和、とされます。

つまり、PERやPBR等の数値指標をもとに、「バリュー投資」か「グロース投資」かを議論するのが勘違いのもとなのです。

「割安株 vs 成長株」という対比と、「バリュー投資 vs グロース投資」という対比は実は、似ているようで別のものです。

低PER、低PBRであっても、なんらかのきっかけで成長性が期待できるようになれば「グロース投資」の対象となります。市場平均をはるかに上回るPER、PBRであっても、その成長力からして割安なら「バリュー投資」の対象となります。

結局のところ、「バリュー投資」のためには、リスク・プレミアムを的確に判断することが鍵を握ります。例えば、不祥事や予想外の赤字等で業績の下振れリスクが過大視されている（割安な水準にまで売られている）局面を見極められるかどうか、ということです。

一方、「グロース投資」のためには、中長期的な成長可能性を的確に判断することが鍵を握ります。例えば、低PBR銘柄であっても、経営陣が入れ替わって株主重視の姿勢を明確にしたり、大胆なリストラやビジネスモデルの転換に踏み出したりして、その後の業績回復をいち早く予想できるかどうか、ということです。

重要なのはベースとなる投資戦略

「バリュー投資」にしろ「グロース投資」にしろ結局のところ、自分なりの考え方がベースになければなりません。単に「割安そう」「成長しそう」ということで銘柄を選ぶのは、印象による〝思い付き〟に過ぎません。

日本では、自分なりの投資尺度や哲学を持たず、市場のトレンドに追随する投資家が多いように感じます。

その結果、何が起こるかというと、市場をリードする先導役を探し、その動向をいつも気にするのです。これまでその先導役になってきたのが、外国人投資家だったといえるでしょう。

「バリュー投資」にしろ「グロース投資」にしろ、長期投資を考えるのであればリスクとリターンのバランスを考えた上で、一貫した方針での長期運用を続けるべきです。それによってはじめて、「バリュー投資」「グロース投資」の意味と成果が生まれます。

投資を長期スタンスで行うことの重要性は、こうしたところにも表れているのです。

分散とはリスクコントロールのため

次に、投資対象を分散することの意味について、掘り下げてみましょう。

分散というと、複数の銘柄やアセットクラスに資金を配分するというイメージがあります。具体的には、「こちらが値上がりすれば、あちらは値下がりする」という逆相関の関係にある銘柄やアセットクラスを組み合わせればよいとされてきました。

例えば、日本の金融業界では以前から、ポートフォリオを国内株式と海外株式、国内債券と外国債券という4つのアセットクラスの組み合わせで構築する方法が一般的です。日本円と米ドルなどの外貨はもともと、トレードオフの関係にありますし、株式と債券も逆相関の動きをしやすく、あるいは株式では食品や医薬品などディフェンシブ銘柄と自動車、機械などシクリカル（景気循環）銘柄との対比もよく聞かれます。

しかし、ここ20年ほどで経済のグローバル化が進み、さらにリーマンショックや今回のコロナ禍で世界的にカネ余りの状況が常態化し、銘柄やアセットクラス、通貨の逆相関関係が弱まっています。上がるときはすべて上がり、下がるときはすべて下がる現象が起きているのです。

そのため最近は、従来のような逆相関のパターンに当てはめて金額ベースで投資資金を配分するのでは、なかなかパフォーマンスを上げるのは難しくなってきました。
では、どうすればいいのでしょうか。

価値が下がりそうな銘柄をはずす

ひとつの方法は、分散投資における銘柄やアセットクラスの組み合わせ内容を適宜、見直すことです。

様々な銘柄、アセットクラスの連動性が高まっているとはいえ、すべてが同じ割合で変動するわけではありません。変動幅（リスク）の大きいものもあれば、少ないものもあります。

また、相場は一般に、下がる時は急に激しく、上がる時には少しずつゆっくりと動きます。この習性を考えれば当然ですが、下がる銘柄やアセットを持たなければ、ポートフォリオのパフォーマンスは劇的によくなります。

そこで、ポートフォリオの中からより大きく価値が下がりそうな銘柄、アセットクラスをはずすのです。そのことによって、ポートフォリオ全体のパフォーマンスを下げないようにし、参照指標（ベンチマーク）を上回ることが可能になります。

図表6　「下がる銘柄」がポートフォリオに与える影響

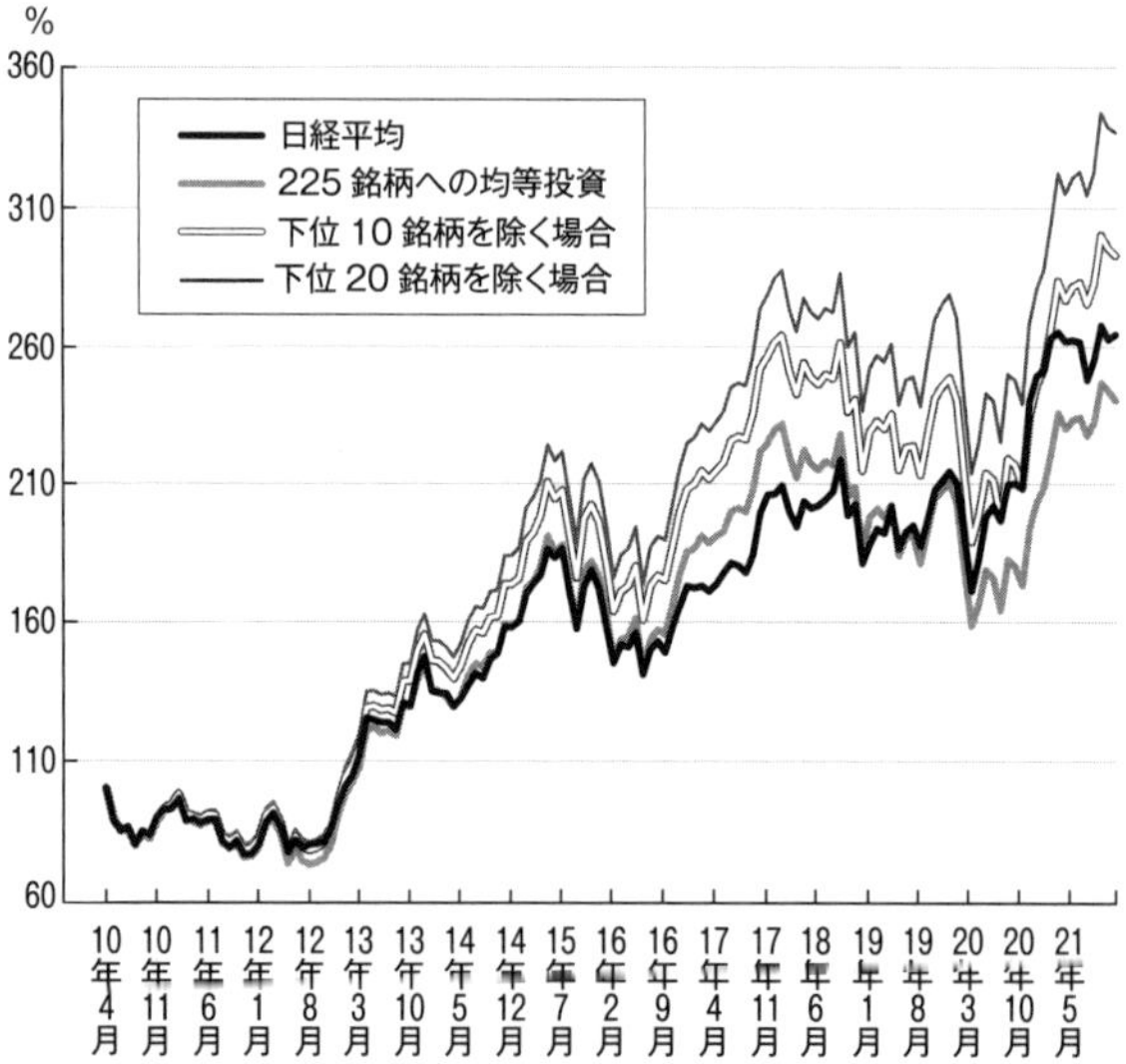

225 銘柄のうち、下落率トップの 10 銘柄削除でパフォーマンスが 29% 改善、さらに 20 銘柄削除の場合は 73% に改善するほど、下落銘柄を持たない場合のパフォーマンス改善の影響度は大きい。

出典：QUICKのデータよりアリスタゴラ・アドバイザーズ作成

上がる銘柄と下がる銘柄を両方とも持たない場合でも、両方持っている場合（最初のポートフォリオ）に比べてパフォーマンスは改善します。

これは、伝統的プライベートバンクがよく採用している運用方針のひとつです。

リスク量の目安となる「ボラティリティ」

もうひとつの方法は、ポートフォリオ全体のリスク量を一定に維持するというやり方です。これを「リスクコントロール」「リスクパリティ」と呼びます。

「リスクコントロール」や「リスクパリティ」においては当然、リスク量の測定が必要になります。

その目安として用いられるのが「ボラティリティ」です。ここからはやや専門的な話になりますが、理屈さえ分かればさほど難しくはないので、基本的な考え方をつかんでください。

ボラティリティとは、金融商品などが価格変動する「度合い」を指す言葉です。「ボラティリティが高い」といえば値動きが激しいという意味で、「低い」といえばその逆になります。

そして、このボラティリティを一定に保とうとする投資戦略が「リスクコントロール」です。一方で各アセットクラス（投資対象）のボラティリティを同じ割合に保つことは、「リスクパリティ」といいます。いずれも、ボラティリティを管理するのが目的の手法です。

くわえて、リスクリターンの関係を表す指標を「シャープレシオ」といいます。

「シャープレシオ」は、ノーベル経済学賞を受賞した米国の経済学者、ウイリアム・シャープ博士が考案したもので、現代の株式投資における最重要理論である「資本資産価格モデル」（Capital Asset Pricing Model：CAPM）の基本となっています。

「シャープレシオ」は具体的には、一定期間において、資産価値の変動の度合い（ボラティリティ：リスク）に対し、リスクがゼロの安全資産（通常は国債）の利子率を上回るリターンがどれくらいかで計算します。リターンから安全資産の利子率を引くのは、実質的なリターンを見るためです。

シャープレシオ ＝ （一定期間のリターン − 安全資産の利子率） ÷ ボラティリティ（標準偏差）

標準偏差などという専門用語が難しそうな印象を与えますが、理屈は簡単です。

「1」のリスクに対して「1」のリターンが期待できるのであれば（シャープレシオ＝1）、投資としてバランスが取れているといえます。

しかし、「1」のリスクに対して半分の「0・5」のリターンしか期待できないのであれば（シャープレシオ＝0・5）、リスクのほうが大きく、投資としてバランスが取れていません。

逆に、「1」のリスクに対して「2」のリターンが期待できれば（シャープレシオ＝2）、非常に〝おいしい〟投資だといえます。

繰り返しになりますが、投資においてはリスクとリターンのバランスが非常に重要です。投資ではよく「利回り」に着目し、5％の利回りより10％のほうが有利と考えがちです。

しかし、利回り10％の投資対象には一方で30％の値下がりリスクがあり、利回り5％の投資対象には最大で5％の値下がりリスクしかないとしたらどうでしょう。

安定した運用を考え、しかも長期的な複利運用を行うなら、利回り5％で値下がりリスクが最大5％の投資対象のほうが、はるかに有利だといえます。

これは分散投資によるポートフォリオでも同じです。ポートフォリオのリスク量を一定に維持するリスクコントロールを行えば、安定したリターンを続けることに通じます。そうなれば時間をかけて複利運用し、資産を増やしていけるわけです。

以下に、いくつか銘柄やアセットの組み合わせを変えたリスクコントロールのシミュレーションの例を挙げておきます。

図表7　「リスクコントロール」のシミュレーション例（1）

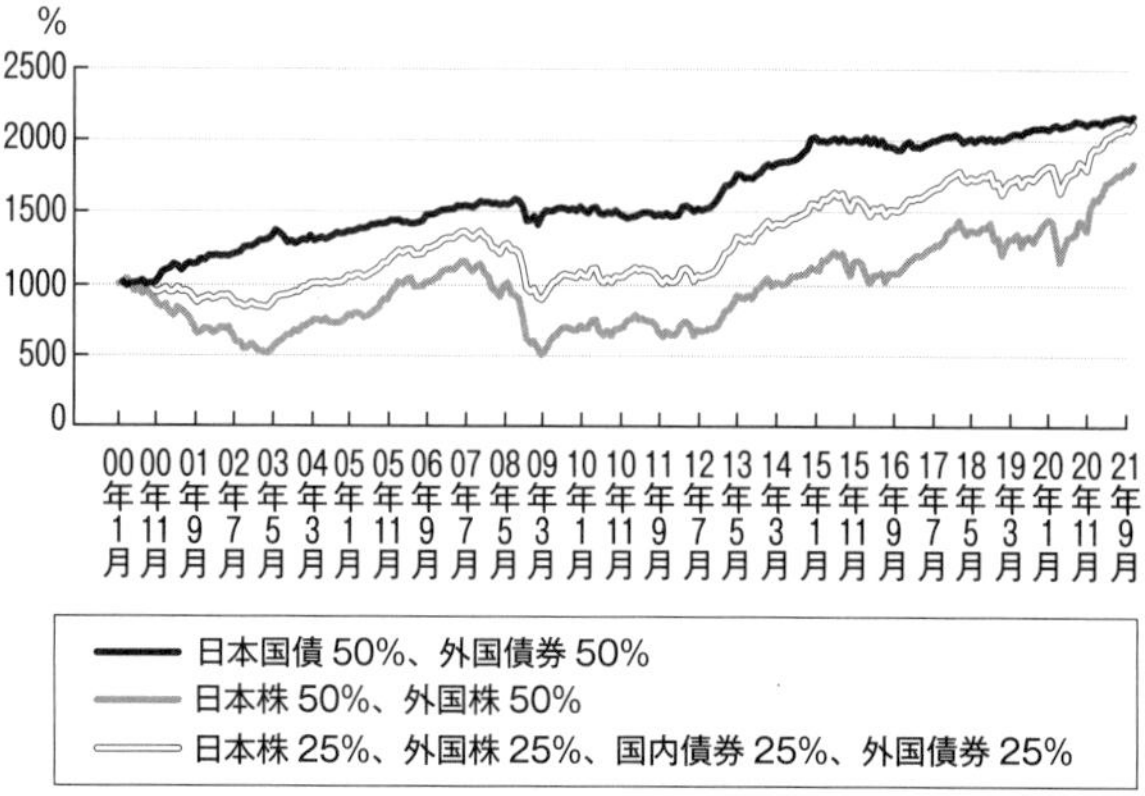

	日本国債50% 外国債券50%	日本株50% 外国株50%	日本株25% 外国株25% 国内債券25% 外国債券25%
収益21.75年分	116.6%	83.57%	110.72%
収益21.75年分の年平均	0.05%	3.91%	3.78%
リスク（標準偏差）21.75年分	4.64%	14.82%	8.43%
シャープレシオ	0.79	0.26	0.45
収益5年分	12.27%	68.83%	38.80%
収益5年分の年平均	2.35%	11.35%	6.50%
リスク（標準偏差）5年分	2.57%	13.78%	7.42%
シャープレシオ	0.91	0.82	0.92

出典：Bloombergのデータを元にアリスタゴラ・アドバイザーズ作成

図表8 「リスクコントロール」のシミュレーション例(2)

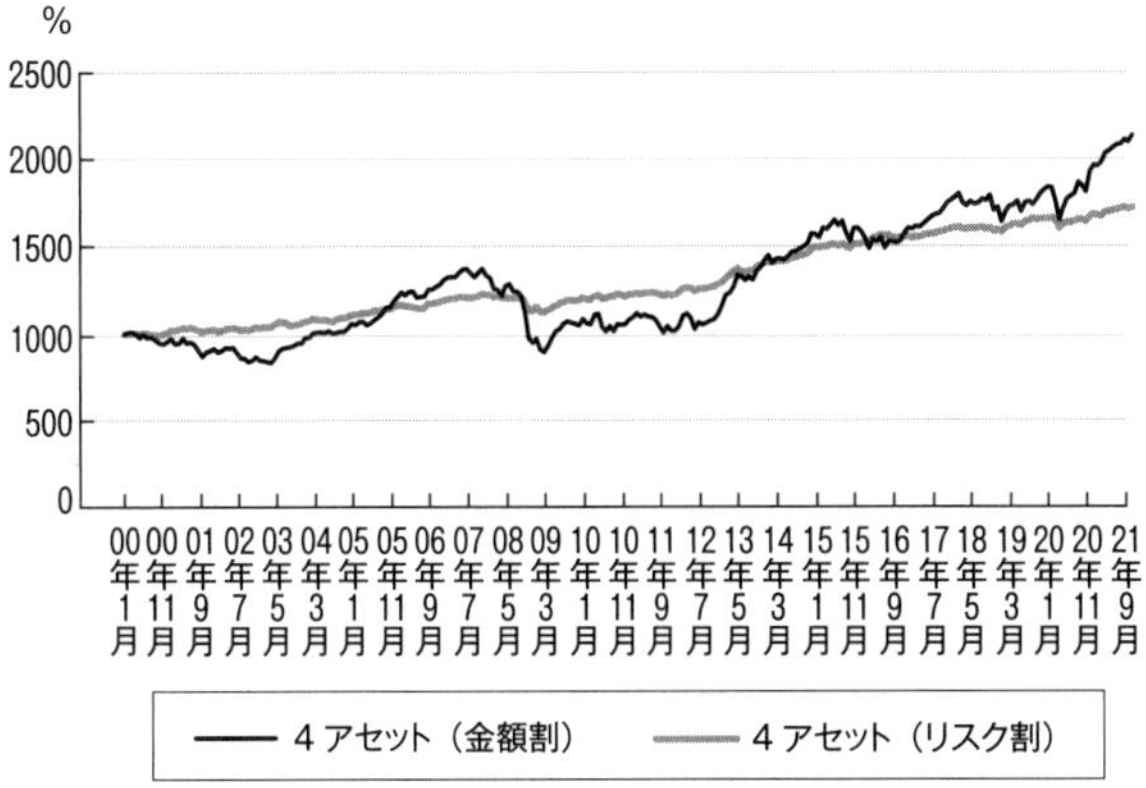

	4アセット (金額割)	4アセット (リスク割)
収益21.75年分	110.72%	70.40%
収益21.75年分の年平均	3.78%	2.48%
リスク(標準偏差)21.75年分	8.43%	2.68%
シャープレシオ	0.45	0.93
収益5年分	38.80%	6.56%
収益5年分の年平均	6.50%	2.11%
リスク(標準偏差)5年分	7.42%	2.41%
シャープレシオ	0.92	0.88

出典: Bloombergのデータを元にアリスタゴラ・アドバイザーズ作成

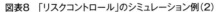

図表9 「リスクコントロール」のシミュレーション例(3)

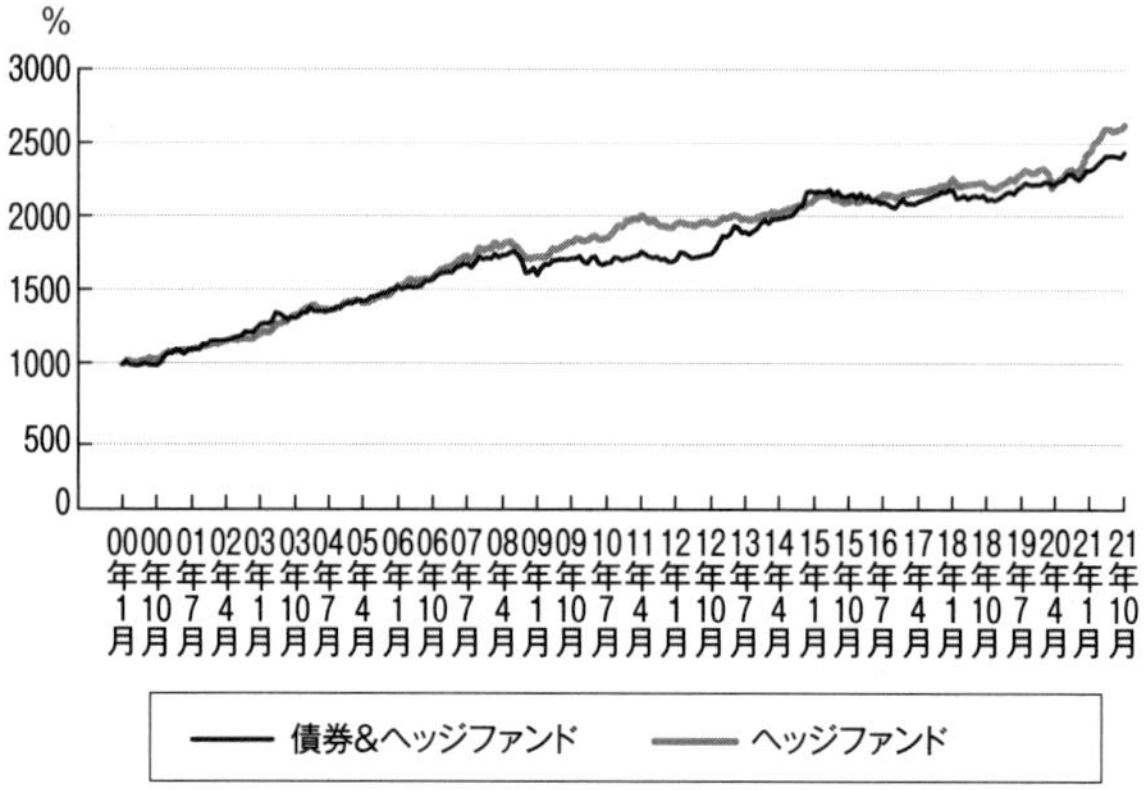

	債券& ヘッジファンド	ヘッジファンド
収益21.75年分	142.40%	160.77%
収益21.75年分の年平均	4.15%	4.46%
リスク(標準偏差)21.75年分	4.17%	3.34%
シャープレシオ	0.99	0.01
収益5年分	18.05%	22.85%
収益5年分の年平均	3.37%	4.19%
リスク(標準偏差)5年分	2.96%	3.78%
シャープレシオ	1.14	1.11

出典:Bloombergのデータを元にアリスタゴラ・アドバイザーズ作成

図表10　「リスクコントロール」が長期パフォーマンスに及ぼす影響(例)

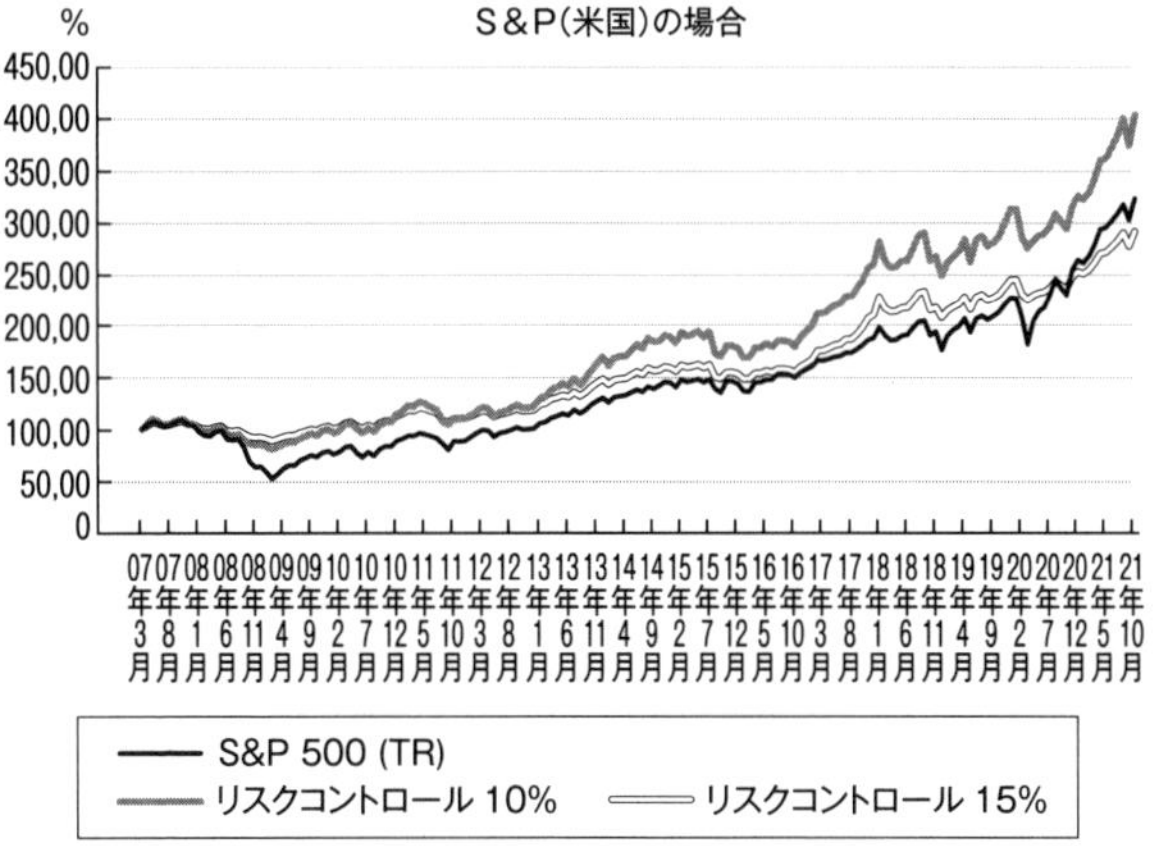

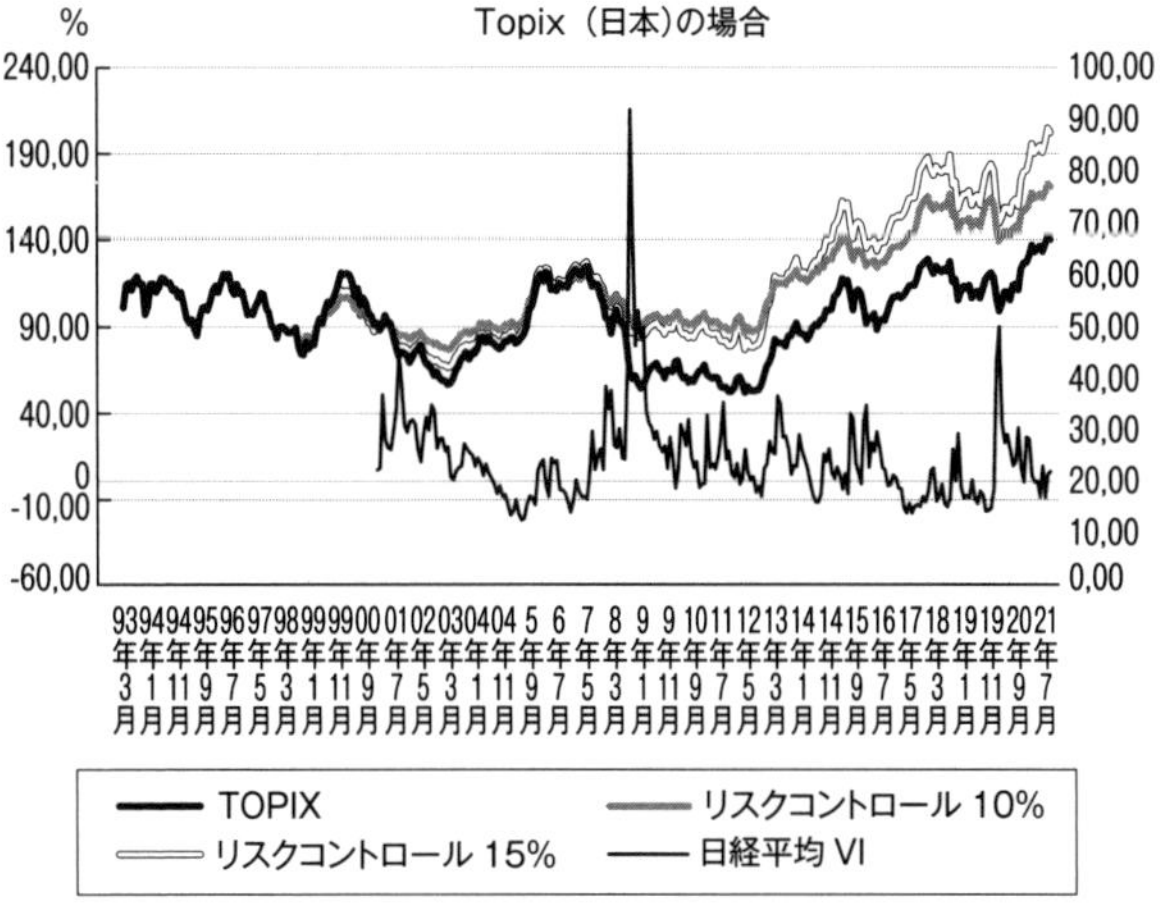

出典：QUICKのデータよりアリスタゴラ・アドバイザーズ作成

日本人向けのポートフォリオの例

なお、当たり前ですが、投資家によってリスク許容度や運用方針は異なります。実際、ヨーロッパの富裕層に比べると、日本の富裕層のポートフォリオは、債券と派生商品（デリバティブ）の割合が大きい傾向があります。これは、日本人（中国人も同じ）が絶対リターンを求める傾向が強いためです。

そのため、日本人向けのポートフォリオは一般に、オルタナティブ（ファンド）＋個別債券＋個別株の組み合わせとなることが多いと思います。

この場合も、価値が下がりそうな銘柄やアセットクラスははずしたり、比率を下げるとともに、「リスクコントロール」の手法を組み合わせることで、絶対リターンを上げる運用を目指します。

なお、オルタナティブ、特にヘッジファンドは日本では危険な商品というイメージもありますが、実際にはヘッジしている分だけリスクを抑えている商品が一般的であり、問題ありません。

図表11　日本人向けポートフォリオの例

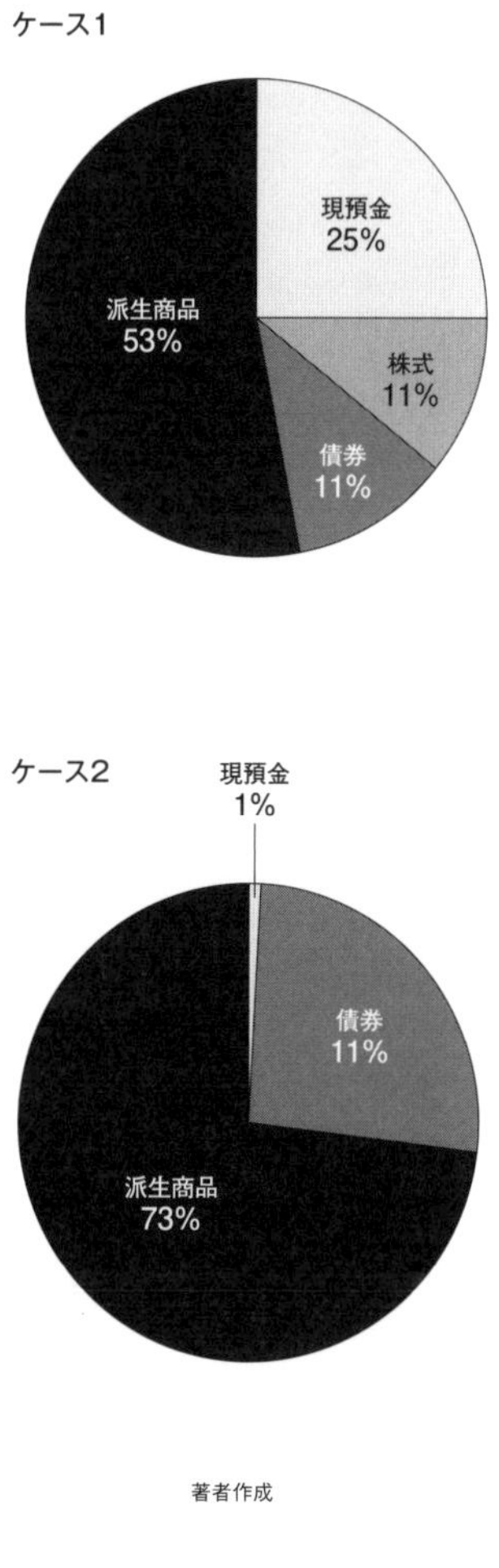

著者作成

ほったらかし戦略の注意点

ほったらかし戦略についても補足しておきます。

今、日本人向けのポートフォリオには一般的に、債券を組み込むということを申し上げました。これは、日本人は富裕層を含め、短期での確実なリターンにこだわる人が多く、債券のほうが安定しているからです。債券を組み込むことで、ポートフォリオ全体のリスクをある程度、下げる効果もあります。

ただ、債券の中でも、日本の金融機関が富裕層などによく勧めているEB債(イービー債)には注意が必要です。

EB債とはExchangeable Bondの略で、「他社株転換可能債」と呼ばれる金融商品です。これは債券であるにもかかわらず、償還日までの株価変動によっては、満期日に償還金が支払われる代わりに、債券の発行者とは異なる会社の株式(他社株)が交付される場合があるという複雑な仕組みになっています。

つまり、交付された株式の時価によっては、実質的なリターンがEB債への投資元本を下回り、損失が生じるおそれがありますし、交付された株式の時価がさらに下がることにより、損失が拡大するおそれもあります。

私は個人的には、ポートフォリオにEB債を組み込むことはお勧めしていません。私自身かつて、欧米の大手金融機関でEB債を組成し、日本の金融機関に卸していた側にいました。EB債の購入には当然、組成する金融機関の手数料、販売する金融機関の手数料が上乗せされており、投資家サイドにとってほとんどメリットがありません。

EB債を組み込むのであれば、先ほど紹介した「ココ債」や「クレジットリンク債」のほうがはるかに意味があります。

「債券の中でも、日本の金融機関が
富裕層などに勧めてくる
ＥＢ債（イービー債）には注意が必要」

Pick Up Words

プロがポートフォリオを組むためにやっていること

ポートフォリオの組み方について、テクニカルなことは細かく言うときりがないので、ここでは、我々金融のプロがポートフォリオの最適化のためにどういうことをやっているかを少しご紹介しておきたいと思います。

もし、分散投資を徹底的に勉強して自分でやりたいという方がいれば参考にしてみてください。

まず、ポートフォリオに組み込む候補であるファンドなど金融商品の中身をひとつひとつ、徹底的に分析し、理解することが大切です。

金融商品にはそれぞれ過去の実績値（トラック）があるはずで、個別銘柄であれば株価の動き、ファンドであればNAV（Net Asset Value、純資産総額）の動きをすべてチェックします。

次に、できれば逆相関、それが難しければ無相関の組み合わせを探します。その際、2つや3つの組み合わせでもいいですが、我々プロは最低でも5つ以上、通常は10本くらいのファンドの組み合わせを検討します。

また、それぞれの金融商品の値動きだけ見て、「この組み合わせは逆相関に見える」「こちらは無相関に近い」ということが分かったとしても、それでOKとはなりません。

実は、ここからが本番なのです。すなわち、それぞれの金融商品について、ポジションの取り方、リスクの分析と管理、運用体制における牽制機能やインターナルコントロール、さらには運用者のバックグラウンドまで、徹底的に調べます。もちろん、ファンドマネージャーの面談は当然行います。さらに、海外であろうとファンドの運用拠点にも行きます。そこで運用側と面談し、いま挙げたような点についての情報やデータを出してもらい、過去の実績値（トラック）が今後も本当に出るのかを総合的に判断するのです。

こうしたデューデリジェンス（評価）には最低3か月から6か月かかります。長い場合は1年かかることもあります。そこまでやって、逆相関、無相関になるポートフォリオをつくりあげるのです。

最近、シンガポールの政府系投資会社の子会社から投資の誘いがありました。いままでクローズドで運用してきたファンドに外部資金も受け入れることになったので、検討しないかという打診でした。

そのファンドはプライベートデットというタイプで、約600億円を11のプライベートローンに配分しています。各プライベートローンは世界中に散らばっていて、それぞれストラクチャー（組成方法）、コベナンツ（融資条件）、担保の取り方も違います。ひとつひとつプロジェクトマネージャーに会って、半年かけてチェックしていき、11のうちひとつのローンに納得できなかったので、結局、見送りました。

本業のファミリービジネスがあったり、余暇を楽しみたいという富裕層や投資家が、そこまで自分でやるかというと難しいでしょう。だから、プライベートバンクやファミリーオフィスのようなプロに任せるのです。

金融商品の分析手法について

金融商品のデューデリジェンスにおいて、プロが用いる分析手法についても少し紹介しておきましょう。

〈アルファ／α〉

アルファとは、期待収益率と予想収益率の差のことです。個別株やファンドが市場平均に対してどれだけの超過リターンを得ることができたかを示します。

αの値が高ければ超過リターンが大きく、運用成績が順調であることを意味します。

〈ベータ／β〉

運用の指標となるインデックスなどとの連動性を示す数値のことです。例えば、βの値が1・2のファンドは、インデックスが10％上昇したときにパフォーマンスが12％よくなることを意味します。

逆にインデックスが10％下がったとき、パフォーマンスは12％悪化することになります。ベータ値が高いほど値動きが激しいことを意味し、リスク（価格変動）が大きいことを意味します。

〈デルタ／Δ〉

オプション投資において、原資産の価格変動に対するオプション価格の感応度のことで、オプション価格を原資産価格で微分して算出します。

オプションの価格変動リスクを、原資産を複製することで相殺することを「デルタ・ニュートラル・ヘッジ」、「ダイナミックヘッジ」と呼んだりします。

〈ガンマ／γ〉

オプション投資の際のリスク指標のひとつで、原資産の価格変化に対するデルタの変動率のことです。

ガンマの値が小さければ、原資産が変動してもデルタの変化が小さいということです。

〈ベガ／Vega〉

オプション投資の際のリスク指標のひとつで、原資産のボラティリティ（予想変動率）の変化幅に対する、オプション価格の変動を示します。

〈セータ／Theta〉

オプション投資の際のリスク指標のひとつで、満期日までの残存期間の変化によるプレミアム（オプション価格）の変化を示します。

セータの値が大きいほど、残存日数が1日減少したときのプレミアムの減少が大きくなります。常に負の値となり、数値は毎日減少する実際のオプション価格を表し、満期にはゼロとなります。

これらのうち最も重要なのはやはり、アルファ／αです。その金融商品は「市場平均と比べてどのくらい儲けているのか」いうことです。

投資や資産運用においては、「儲かった、儲かった」と言っても実は市場全体の動きと差がなく、アルファ（α）の値がゼロということもあり、そうなると偶然、儲かっただけなのかもしれません。

大事なことは、その儲け方（投資戦略）が今後も有効なのかどうかということです。例えば、高金利で儲ける金融商品は、低金利になれば儲からなくなります。異なる資産（原資産）との価格差で儲ける金融商品は、価格差が縮まれば儲からなくなります。

なお、ポートフォリオによる分散投資において組み合わせる金融商品の儲け方（投資戦略）は、単一であることが前提です。これを「シングルストラテジー」と呼びます。複数の儲け方（投資戦略）を組み合わせた「マルチストラテジー」の金融商品もありますが、そうなると運用実態が見えにくくなり、ポートフォリオとしての判断ができなくなります。我々が投資する場合は基本的に、「シングルストラテジー」の金融商品を組み合わせる方針をとっています。

「投資や資産運用においては、
「儲かった、儲かった」と言っても
実は市場全体の動きと差がなく、
アルファ（α）の値がゼロということもあり、
そうなると偶然、儲かっただけなのかもしれない」

Pick Up Words

第4章のまとめ

・投資や資産運用で成功する鍵は「長期」「分散」「ほったらかし」である。
・「長期」とは最低でも5年、普通は10年、できれば20年から30年のスタンスで取り組むこと。
・「分散」するとは金融商品の中から逆相関や無相関の関係にあるものを選び、組み合わせること。
・「ほったらかし」にできる状態をつくるため、レバレッジは掛けない。リターンなどの数値目標も設定しない。唯一、目指すのはベンチマークを上回るパフォーマンスを出すこと。
・よくいわれる「バリュー投資」にしろ「グロース投資」にしろ、投資戦略がベースになければならない。リスクとリターンのバランスを考えた上で、一貫した方針での長期運用を続けるべき。
・ポートフォリオ全体のリスク量を一定に維持する「リスクコントロール」や「リスクパリティ」の効果は、シャープレシオで判断する。
・プロが行う金融商品のデューデリジェンスは、最低3か月から6か月かけて逆相関、無相関になるポートフォリオをつくりあげる。

第5章

これからの世界経済と投資戦略を考える

Wealth Management

中国の不動産バブルの行方

本章では、主に中国とアメリカを取り上げ、直近の世界経済のトレンドを分析します。具体的な投資の方針を考えるうえでの助けにしてみてください。

まず取り上げたいのが中国の不動産市場です。中国不動産市場は中国経済の要であり、もはや世界第2位の経済大国となった中国経済の動きは世界中に波及します。その点を踏まえ、直近の中国不動産市場で気になる点をみてみます。

紹介するのは、中国の恒大集団の問題です。

恒大集団は、中華人民共和国の広東省深圳市に本拠を置く不動産開発会社で、まだ創業25年ほどの新興企業です。

しかし、中国政府による住宅制度改革によって不動産需要が伸びることを先読みし、飛躍的に成長してきました。

恒大集団の手法は、自社の株式や不動産を担保に多額の借入や投資家から集めた資金を元手に、地方政府から土地の利用権をスピーディーに取得してマンションなどを開発。それを販売して資金を回収し、また次の開発に回すというもの。

２００９年には香港証券取引所に上場。開発による売却益で売上を伸ばすとともに、取得した不動産の値上がりによって得た含み益で会社の時価総額を大きくさせていったのです。

これはまさに、日本で１９８０年代後半に起こった「不動産バブル」を彷彿とさせます。


しかし、２０２０年9月から10月にかけて、中国当局（中国人民銀行）が不動産市況のバブル抑制に乗り出し、バランスシート上で負債の比率が高い企業に対する融資を制限するようになりました。


これも日本のバブル崩壊の引き金となった１９９０年の大蔵省による「総量規制」とうりふたつです。

総量規制とは、１９９０年3月から翌１９９１年12月まで続けられた大蔵省による金融機関への行政指導で、不動産向け融資の伸び率を貸出全体の伸び率より低くするよう求めたものです。バブルのピーク時、日本全体の地価の合計は、アメリカ全体の地価の合計の4倍ともいわれました。いくらなんでも行き過ぎです。総量規制は、そうした行き過ぎた不動産価格の高騰を沈静化させることを目的としたものでした。

しかし、その影響は大きく、金融機関は一気に不動産向け融資を引き揚げ始め、急激な景気後退が起こりました。いわゆるバブル崩壊の引き金を引いたとされ、結果的にその後の長期デフレをもたらしたのです。

中国政府は日本のバブル崩壊の経緯を詳しく研究しているはずですが、中国国内における不動産価格の高騰と経済格差拡大のリスクのほうが大きいと判断したのでしょう。

いまや恒大集団が債務不履行に陥る可能性はかなり高まっており、他の不動産会社への影響も避けられないと思います。

問題は、中国国内の金融システムにまでその影響が及ぶかどうかです。

中国人民銀行は会見で「不動産業界の個別の現象であり業界全体は健全である。恒大集団の負債のうち金融関連は3分の1以下で、このリスクが金融業界に与える影響はコントロールできる」と述べたとされます。

事態は流動的で、どうなるかは分かりませんが、あまり甘くみないほうがいいと思います。

「日本の不動産バブルを彷彿とさせる
中国不動産市況。
崩壊の影響を甘くみるな」

Pick Up Words

中国政府の出方について

この問題が出てきた2020年10月頃から21年夏くらいまでは、中国政府、そして中国共産党が何とかするだろうという雰囲気があり、マスコミ報道にもそういう論調が多くみられました。しかし、ようやく今年の夏以降、一部のエコノミストやアナリストも警鐘を鳴らし始めています。

私自身はだいぶ前から「これは危険だ」と考えていました。日本のバブル崩壊やリーマンショックなど金融危機におけるマネーの流れには共通した特徴があるからです。すなわち、バブルが膨らむときには楽観論と自己陶酔がはびこって右肩上がりが続きますが、いったん状況が変わると、それまでのマネーの流れが一気に逆回転を始めます。ポイントは、「一気に」というところです。いったん逆回転が始まると、誰にもそれを止めることはできません。

また、私は中国に知り合いが多く、中国のビジネス風土にはかなり通じているつもりです。そして、結論から言えば、中国政府が恒大集団を助けることはありえません。

なぜなら、中国では政治が経済に優先するからです。そして、現在の不動産バブルへの規制は、中国共産党のトップである習近平が進めている基本方針のど真ん中に位置するものだからです。

政治が経済に優先された代表的な例が、巨大IT企業です。2020年11月に電子商取引(EC)

最大手アリババ集団傘下の金融会社アント・グループの新規株式公開（IPO）が延期に追い込まれました。創業者の馬雲（ジャック・マー）氏は、一時は消息も不明になっていたほどです。

２０２１年に入って、教育費用の高騰を抑え、出産数の増加を後押しするため教育産業もターゲットになっています。

具体的には、義務教育段階において、学科類と呼ばれる国語や、数学、英語などといった基礎科目に関する研修機関（指導塾）はすべて非営利化されました。また、学科に関する研修機関、事実上、教育サービスを提供する企業の上場が禁じられました。これにより中国の教育産業は21年の秋以降、一気に姿を消したのです。

そして不動産です。

これ以上、不動産投資で儲けさせないという方針のもとに融資を絞る姿勢を鮮明にしているのです。これは先ほど触れた日本のバブル崩壊の際の「総量規制」と同じです。

日本でもバブルのピーク時には、東京圏で新築マンションの平均価格が平均年収の10倍を超えていましたが、それをはるかに凌ぐレベルです。いまや中国の大都市部では一生働いてもマイホームにはとても手が届かない状況になっているのです。

この状況を放置するのはまずいと考えるのは、ある意味、理解できます。対策として打ち出された、中国版固定資産税ともいうべき「不動産税」についても、当面、一部の地域に5年間、試験導入されるだけですが、いずれ各地に広く導入されるのは間違いないと見られています。

中国の「不動産神話」の崩壊はすでに始まっており、恒大集団の債務危機などほんの小さなエピソードなのかもしれません。

中国の不動産バブルが崩壊したら？

中国で不動産バブルが崩壊するとどうなるのでしょうか。繰り返しになりますが、今回の中国不動産バブルの問題は、世の中が思っているほど甘く考えないほうがいいでしょう。

理由は2つあります。ひとつは、中国の不動産バブルの大きさです。

不動産部門が中国の国内総生産（GDP）に占める比率は16年時点で24％と、主要国では断トツです。17年時点の米国の17・3％を大きく上回ります。中国の不動産投資は絶対額でも09年以降、10年以上にわたり米国を上回っているのです。

そもそも、ここまで事態がこじれたのは、経済のプロの意見を習近平が聞かないことではないかと囁かれています。言い方は悪いですが、「経済バカ」だということです。そんなリーダーが経済に口を出して、うまくいくはずがありません。

逆に言うと、そういうことを平気でやる指導者だということです。あるいは、経済よりも何よりも政治、すなわち国内での権力基盤の確立を最優先にしているからでしょう。2022年にはさらに、任期延長を狙っているといわれています。

結果的にどうなるかといえば、銀行部門が膨大な不良債権で弱り、政府が資本注入するしかなくなると思います。

日本ではかつて、十数行あった都銀がいまや3つのメガバンクに集約されています。日本はそれを10年ほどかけてやったわけですが、今後、中国ではおそらくもっと早いペースで同じ現象が起こる可能性があります。

そして、日本はそこから20年かかってもまだリカバリーがうまくいっていません。中国もそう簡単に立ち直れると考えないほうがいいと思います。

ただし、中国の不動産バブル崩壊の影響は、中国国内とグローバルではかなり違うでしょう。日本でバブルが崩壊したときも、世界への影響はそれほどでもありませんでした。日本だけ30年も苦しんでいるのです。

中国も状況は同じでしょう。銀行部門を中心に、国内経済にはかなりの影響が出ると思いますが、世界はそこまで苦しまないでしょう。

中国の不動産バブルに投じられている資金の多くは国内投資家からのもので、これは現在の日本の国債市場と同じです。リーマンとはそこが違います。

あとはバブル崩壊の程度です。日本では当時、7億円のマンションが1億円になりましたが、中国では7億が5億程度で止まるのか、それとも1億円まで下がるのか。

中国政府の対応次第ですが、今のままなら日本と同じかそれ以上の不動産価格の下落が起こりうると私は見ています。

アメリカの金利動向

中国に続いてみていきたいのが、米国です。米国投資を考える際、米国長期金利は米国株式市場と同様に大切なチェックポイントです。その米国金利が上昇するのかしないのかが、近年注目を集めているのです。

結論からいえば、2022年にはそれほど金利は上がらないだろうと私は見ています。

金利には1年未満の短期金利と、1年以上の長期金利があります。このうち短期金利は、各国の中央銀行の金融政策などによって決まります。短期金融市場は、金融機関の資金の過不足を調節する場として重要な役割を果たしており、中央銀行が資金供給を通じてコントロールしているのです。短期金融市場の金利の代表的なものは「無担保コール翌日物」で、日本銀行(日銀)はこの金利を政策金利としています。

一方、長期金利とは、金融機関が1年以上のお金を貸し出す際に適用する金利であり、通常は10年物国債の利回りを指します。

長期金利は、主に長期資金の需給関係によって決まります。物価の変動、短期金利の推移(金融政策)などの長期的な予想で変動するのです。

そのため、「長期金利は経済の基礎体温」ともいわれていて、景気が悪くなれば低くなり、景気がよくなれば高くなる傾向があります。

さて、アメリカの長期金利の動きです。

次見開きの図表を見ると分かるように、2019年に大きく低下しました。これは、トランプ政権において米中貿易摩擦が激化し、世界的に景気減速の懸念が広がったからです。米連邦準備制度理事会(FRB)が10年半ぶりに利下げを実施したことなどを受けて、夏場にかけて大きく低下したのです。

さらに2020年3月には、新型コロナウイルスの感染拡大による世界経済の先行き懸念から、投資家がリスク回避姿勢を強め、安全資産とされる米国債の買いが進みました。そのため、10年国債利回りは0・5%を割り込み、過去最低を更新しました。

それが現在、ワクチン接種の拡大と経済活動の再開を受けて上昇しています。

その背景としては、大規模な経済対策や新型コロナウイルスのワクチン普及によって景気回復と経済正常化への期待が高まり、消費拡大を通じたインフレ率上昇が意識されるようになったことがあります。大型の経済対策は国債増発をともなうため、国債需給の悪化も金利上昇につながります。

しかし、私は米国の長期金利の上昇は一時的なものであり、それほど心配はいらないと考えています。FRBも現在の物価上昇が「一時的」という表現は変えていません。

原油価格が上昇するとアメリカ国内でのシェールオイルの産出がおそらく増えます。半導体のサプライチェーンの改善も今後、徐々に進むはずです。コロナ禍の間、手厚い休業補償で一時、現場

図表12　米国長期金利(10年国債利回り)の推移

著者作成

図表13　米国短期金利(政策金利)の推移

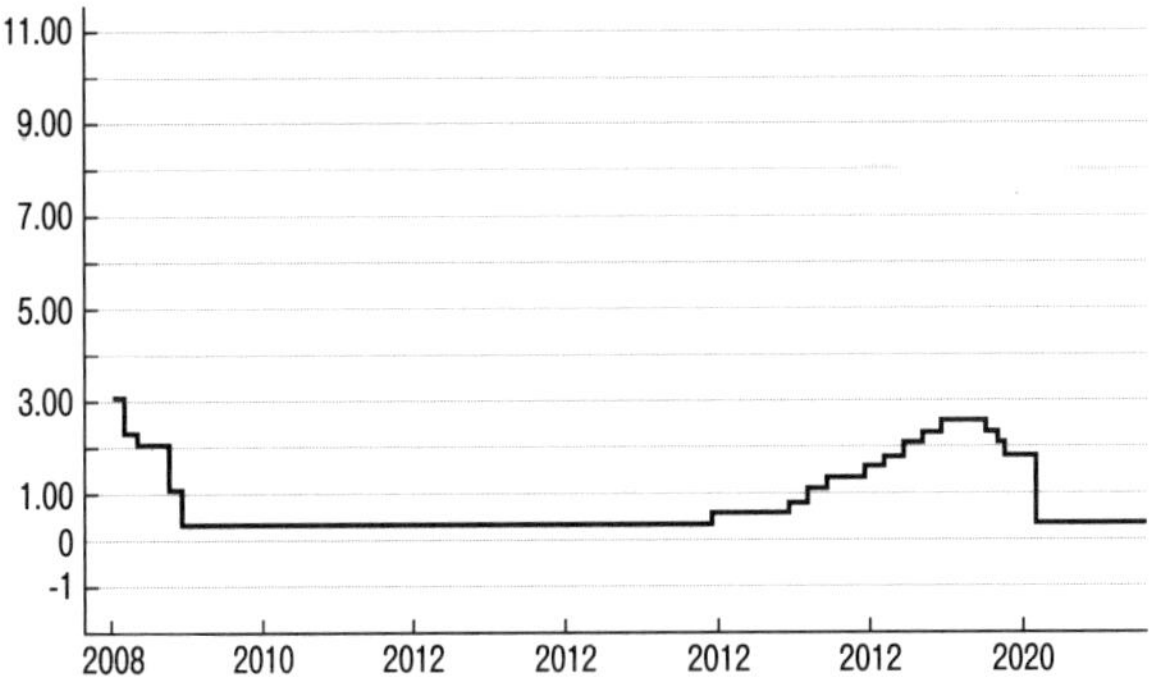

著者作成

を離れていた労働者が戻り始めています。

ＦＲＢがまずテーパリング（量的緩和の縮小）を始めることは既に決まりましたが、その後、利上げに踏み切る前に、その結果分析に時間がかかるでしょう。

実際には２０２２年の夏頃、どれくらいインフレ（消費者物価の上昇）が進んでいるかによります。直近で５％を超えていますが、これよりかなり下がっていれば上げる必要はないはずです。

ＦＲＢによる短期金利（政策金利）の引き上げはおそらく、２０２３年に入ってからでしょう。短期金利の引き上げは通常、１回当たり０・25％であり、それも２回ないし４回程度ではないかと見ています。

さらに、短期金利（政策金利）の引き上げが長期金利（10年国債利回り）に連動するかといえば、過去の例を見てもあまり関係ありません。リーマンショックの後も、政策金利を利上げしていく局面で10年国債利回りはそれほど上がりませんでした。

繰り返しになりますが、ＦＲＢは現在、将来のインフレに備えるために短期金利（政策金利）を上げようとはしているものの、物価上昇がスローダウンすればそれほど急ピッチにはならないでしょう。

高い成長力を持つイスラエル

ここまでは大国である中国と米国について解説してきました。

一方、長期投資においては、成長力の高いエリアや国を見極めることが重要です。そういう意味で最近、私が注目しているのがイスラエルです。

ご存じのようにイスラエルは第二次世界大戦後の1948年に建国されたユダヤ人国家で、人口は約900万人弱。周囲をパレスチナやアラブ諸国に囲まれ、いまだに紛争が続いているイメージが強いかもしれません。

しかし、いまやイスラエルは先進国のひとつであり、産業においてもハイテクや農業など様々な分野で最先端の技術力を持っています。

驚くべきはその成長力です。建国当初は産業基盤もなく、アラブ諸国との戦争も続きました。しかし、1980年代後半に入り、ヨーロッパ諸国やアメリカと自由貿易協定を結び、自由主義経済へと転換。1990年代に急速な経済発展を遂げ、2010年にはOECDに加盟しました。

IMFによると、2019年のイスラエルのGDPは3877億ドル(約42・5兆円)でひとりあたりの名目GDPは4万2823米ドル(2019年)にもなります。これは、4万8847米ドルの日本より高い水準です。

イスラエルは大企業が少なく、ベンチャー企業が多いことから「中東のシリコンバレー」とも呼ばれます。対GDP比の研究開発投資は世界一であり、失敗を恐れず起業家精神に富んでいる国民性がその背景にあるのでしょう。

実際、この10年でGAFAをはじめ多くの世界的なIT企業などがイスラエルのベンチャーキャピタルを買収しました。現在、350以上のグローバル企業が研究開発センターを設置し、5000社を超えるイスラエルのスタートアップ企業とともに事業を展開しています。

なお、あまり知られていませんが、イスラエルは世界で最も先進的な農業技術も持っています。国土のほとんどが砂漠や半砂漠で降雨量が少ないにもかかわらず、食糧のほとんどを自給でき、農産物の輸出も行う農業大国なのです。

こうしたイスラエルに対しては日本からも、数は限られますがトップ企業が進出・投資をしており、現地のスタートアップ企業との連携ニーズも徐々に拡大してきています。

そこで私は2020年に、アリスタゴラ VC イスラエル GP Ltd. という資産運用会社を立ち上げ、私の会社とイスラエルのジェネラルパートナー3名が共同でファンドを運営しています。

このファンドでは、イスラエルのベンチャーの中でも特に、生活の質や安全を将来にわたって向上させるテクノロジー（技術）企業のアーリーステージでの投資に焦点を当てています。

また、このファンドの大きな特徴は、経験豊富なイスラエルのジェネラルパートナーが入っていることです。

例えば、ジェネラルパートナーのひとりであるギデオン・Y・ベンジニ氏は起業家として6社を設立し、そのうち3社をエグジット、1社はIPOまで導いたことがあります。イスラエルでは有名なシリアル起業家のひとりで、もちろん超富裕層です。

彼や他のジェネラルパートナーのもとには、ファースト・コール（優秀な起業家からの最初の投資依頼）が頻繁にかかってきており、有望なイスラエルの最新テクノロジー企業情報が集まってきています。

そのため、投資対象として我々が検討したすべてのスタートアップ企業のデータベースを出資者に提供しています。従来のVCでは、出資対象となった企業の情報が出資者に共有されるところまでなのに比べ、大きな強みです。

イスラエルの最先端テクノロジーの情報を求める日本企業と、新たな投資資金や市場開拓を求めるイスラエルのイノベーション企業を結び付ける橋渡し役にもなっているのです。

シンガポールは本当に楽園か？

気になる国を他にも見てみましょう。日本の富裕層や投資家の間で人気があるのが、シンガポールです。

シンガポールは、ひとり当たり国内総生産（ＧＤＰ）が世界で２番目に高く、国家としても主要な格付け機関のすべてからＡＡＡを付けられているアジアで唯一の国です。

さらに、教育、医療、平均余命、生活の質、個人の安全、住宅など主要な社会的指標の多くが国際的に上位にランクインしており、世界的に著名な富裕層や投資家が多数、住んでいます。

金融業についていえば、ニューヨークやロンドンなどと並ぶ世界的な金融センターとして多くの人材や情報、資金が集まります。様々な金融取引が可能で、世界中の金融商品、金融サービスに簡単にアクセスできます。

また、富裕層や投資家にとって魅力的なのは、シンガポールでは相続税や贈与税がかからず、個人についてはキャピタルゲインや配当への課税もない点です。

株で１億円の配当や譲渡益があったとすると、日本では分離課税20％で２０００万円の所得税がかかり、手元に残るのは8000万円です。それがシンガポールでは1億円がまるまる残るのです。

しかし、本当にシンガポールは富裕層や投資家にとっての楽園といえるでしょうか。私は特に日本人にとってはそれほどでもないのではないかと考えています。

そもそも、富裕層を含む個人投資家にとって、シンガポールの金融機関のサービスは、さほどレベルが高いというわけではないように思います。

私はかつて、自分の資産運用を任せられる金融機関が日本国内では見つけられず、シンガポールの現地金融機関に接触してみました。

しかし、基本的に大手の商業銀行や投資銀行が多く、自社やグループ企業が組成した金融商品を勧めてくるというスタンスは日本の金融機関と変わりませんでした。売上や利益の目標を立て、事業拡大を目指す以上は仕方ないとはいえ、ヨーロッパの伝統的なプライベートバンクのようなサービスは望めません。

また、シンガポールでは、富裕層や投資家にすり寄ってくる怪しい人間が日本国内より多いような気がします。「こうすれば儲かる」「節税になる」といった話の真偽を見分けるには、それなりの金融知識のほか、相手のバックグラウンドなどをチェックするネットワークも必要です。また、当然のことですが英語が使えないと話になりません。

その点、シンガポールの富裕層や資産家は百戦錬磨であり、どこの国でビジネスを行い、どこの国で資産運用し、どこの国で子どもに教育を受けさせ、どこの国に暮らすのが有利なのか、常に情報を集め、合理的に判断しながら身軽に行動します。

シンガポールは誰にとっても楽園なのではなく、投資や資産運用において自ら判断し、的確に行動できる人にとって楽園になるということは忘れないようにしたいものです。

日本の金利は今後、どうなるか？

さて、世界的にこの30年で金利は低下し、日本やヨーロッパはいまやほぼゼロです。次の30年、この水準が続くのか、さらにマイナス金利に入るのか、あるいは反転するのか。

そもそも、長期金利は「経済の基礎体温」と言われ、経済成長がない限り長期金利の上昇もないというのが常識です。日本の金利が上がらないのは、「潜在成長率」が極めて低いからであり、日本の金利がゼロなのは当然なのです。

「潜在成長率」については、次のように説明されます。

ひとつの国の経済成長は実質ＧＤＰの伸び率で捉えられます。そして、景気変動など短期的な要

因を除けば、実質GDPの伸びは、

①労働投入

②資本投入

③全要素生産性（TFP＝Total Factor Productivity）

の3つに分解できます。

①の労働投入は就業者数に就業時間を掛け合わせたものであり、②の資本投入は企業や政府が保有する設備（資本ストック）の量で表されます。そして、③の全要素生産性は、労働や資本がGDPを生み出す生産効率を意味し、一般には技術革新（イノベーション）によって左右されます。

これら3つの要因による実質GDPの伸びを「潜在成長率」というのです。

潜在成長率は、ひとつの国の経済を供給力から捉えたもので、経済成長とは潜在成長率を高めることにほかなりません。

急速に少子・高齢化が進み、政府の債務残高が世界最悪レベルの日本が今後、持続的な経済成長を実現するには、特に③の全要素生産性の向上、すなわち経済全体の効率性を向上させることが不可欠です。

ちなみに、潜在成長率を上げるには、①の労働投入を増やすこともひとつの方法です。日本の場合、それが移民の受け入れです。移民の受け入れというと、ゼロか１００かという議論になりがちですが、シンガポールをはじめ多くの国では、一定の専門資格や一定額の資産の有無を基準に移民の受け入れをコントロールしています。そうした工夫が日本でも必要ではないでしょうか。

「日本の金利が上がらないのは、「潜在成長率」が極めて低いからであり、日本の金利がゼロなのは当然」

Pick Up Words

円資産のリスクに備える

日本の投資家や富裕層は株式にしろ債券にしろ、基本的に円建てで資産を持っています。

これからの投資戦略として、日本がこのまま潜在成長率が低い状態でデフレ経済からの脱却ができなければ、中長期的に見て円安に進むリスクは視野に入れておいたほうがいいでしょう。

特に富裕層のみなさんは、資産の一部を海外へ移すことも今後、考えるべきです。もちろん、自分の代だけでなく、子孫の代になっても海外へ生活や仕事の拠点を移す可能性がないといえるなら、ずっと国内で円資産を保有していてもいいでしょう。

しかし、万が一の際、海外に住んでもいいという人は海外にある程度、資産を移しておくほうがリスクヘッジになることは間違いありません。

ただし、最近、有名人やM＆Aを果たした創業経営者などにみられる、「小金を持ったら節税のためにすぐ海外移住する」という行動については、個人的にはあまり推奨しません。そういった人たちは、あまりにも海外生活を甘くみているケースが多いように思えるのです。

海外に拠点を移すということは、当然ながらその土地で生きていくことを意味します。その土地で仕事をしたり、友人をつくって交流したりできる素地を持っていないのに海外に移住するのは、はっきり言って無謀です。

実際、安易な移住によってその土地の日本人コミュニティで小さく生きるだけの生活になり、ただ限られた日数だけ帰国するのが人生の楽しみ、となっている移住者が多く見られます。正直、本末転倒に思えてなりません。

せっかくちょっとした成功をつかんだのに、目先の節税にばかり気を取られて自分の生活をわざわざ制限して、何が楽しいのでしょうか。

本業で成功したり、ビジネスとしての投資がグローバル規模に拡大した結果として海外で活躍するようになるのはもちろん素晴らしいです。ただし、そうではないのであれば、海外に関してはあくまでも「一部の資産を持っておく」という、投資対象としての立ち位置で考えておくのがいいと思います。

「万が一の際、海外に住んでもいいという人は海外にある程度、資産を移しておくほうがリスクヘッジになる」

Pick Up Words

第5章のまとめ

・中国の不動産バブルを巡る状況は流動的で、どうなるか分からないが、あまり甘くみないほうがいい。
・米国の長期金利の上昇は一時的なものであり、それほど心配はいらない。2022年にはそれほど上がらないだろう。
・日本の金利が上がらないのは「潜在成長率」が極めて低いからであり、この状況は今後も変わらないと考える。
・円建てで資産を持つ日本の投資家は、中長期的にみて円安に進むリスクを視野に入れておいたほうがいい。

第6章

投資と資産運用は生涯続けるもの

Wealth Management

アメリカ人らしい発想の〝FIRE〟

最近、金融系メディアでよく見かけるようになった〝FIRE〟という言葉があります。Financial Independence, Retire Earlyの略で、経済的独立と早期リタイアを実現することを指します。

アメリカではリーマンショック後、30代、40代を中心に「投資の収益で生活費を賄い、早期リタイアする人」が増加し、ミレニアル世代(1981〜96年生まれ)からも支持され、広まったようです。

具体的には、「25年分の生活コストを貯めること」と「それを平均年4%で運用すること」を目指すそうです。生活コストが年400万円なら1億円を貯め、それを平均年4%で運用すれば、確かに毎年の生活コストを捻出できる計算です。

日本でもこうした考え方を取り入れ、一定の金融資産を貯め、40代で早期退職するのを「夢の実現」などともてはやす風潮が一部で見られます。

個人的な意見ですが、〝FIRE〟はアメリカ人らしい発想です。

アメリカはもともと、自由主義の色彩の強い国であり、国民全体を対象とした公的健康保険がないなど、社会保障制度が脆弱です。労働力の流動性も高く、キャリアプランにしろ、ライフプランにしろ、老後の準備にしろ、多くは個人の努力と責任とされています。

そうした社会風土において、貯蓄に励み、〝FIRE〟を目指す人がそれなりにいるのは分かります。また、〝FIRE〟は資産家や富裕層を目指すのではなく、基本的にミニマリストの発想といえます。貯蓄のために生活費を切り詰め、早期リタイアした後も質素な生活を送ることが大前提になっているのです。

日本人に向いているのはヨーロッパ流

個人的には日本人にはアメリカ流の〝FIRE〟は向いていないと思います。日本人は意外に根が真面目なところがあって、早期リタイアしてもその後、することがなくて時間を持て余しがちです。「〝FIRE〟こそ人生の夢」、などというのはあまりに寂しい話ではないでしょうか。

特に若い人たちに申し上げたいのは、〝FIRE〟を目指して若いうちからケチケチお金を貯めるより、まずは知識や経験、スキルを高めるため、自分に投資することです。それが一番効率のいいお金の使い方であり、一生使える財産となります。

大した資産もないのに、「何に投資したら儲かる」とか考えても無駄です。100万円を運用して利回り20％でもしょせん20万円に過ぎません。それよりも本業で稼ぐ力がつけばどんどん収入が増え、1000万円単位の資産もできます。そこからさらにキャッシュフローを生み出しつつ、運用資産を拡大していけば、1億円までいかなくても数千万円単位の老後資金を確保するのはそう難しいことではないでしょう。

それに、日本にはアメリカにない健康保険や公的年金など社会保障制度がそれなりにあり、数千万円単位の老後資金があれば、そう心配することなく暮らせるはずです。

もちろん、20代から経験とスキルを磨くための投資を少しずつ行うのは〝あり〟です。ただ、その場合、インデックス型投資信託の自動積立やロボアドバイザーの利用はあまりお勧めしません。まとまった資産ができた後はプロに運用を任せるのがいいと思いますが、まずは個別銘柄の選択とその結果を経験することで、投資におけるリスク・リターンの意味などを肌感覚で理解できるようになります。最初から「人任せ」では、経験とスキルを磨くことになりません。これから資産運用を始める人はぜひ、アメリカ流の〝ＦＩＲＥ〟ではなく、ヨーロッパ流の「本業による継続的なキャッシュフロー＋長期分散・安定の資産運用」という王道のスタイルを目指してください。

「100万円を運用して利回り20%でも
しょせん20万円に過ぎない。
それよりも本業で稼ぐ力がつけば
どんどん収入が増え、
1000万円単位の資産もできる」

Pick Up Words

投資は退屈なくらいでちょうどいい

ヨーロッパの富裕層にとって、投資や資産運用は生活の一部になっています。ですから、特に刺激を求めることもなく、普段は意識することもなく、いわば退屈で当たり前の行為です。

日本人はまだ、投資や資産運用というと、普通の人にはできないちょっと特殊な行為のようなイメージがあるのではないでしょうか。わざわざ「貯蓄から投資へ」といったスローガンを掲げていることがそれを物語っています。つまり、貯蓄は誰にでもできる普通のことだけど、投資はちょっと違う、新しいチャレンジだということを無意識のうちに表しているのです。

しかし、投資はなにも特別なことではありません。経済面での自由を確保し、人生の選択肢を広げるための当たり前のツールです。

逆に、刺激を求めるのは投資ではありません。日本人は投資にどことなく、難しいとかとっつきにくいというイメージを持っていますが、意外にギャンブルになると意識のハードルは下がるようです。

欧米に比べてパチンコなど身近なギャンブルが多いのに、それでいて統合型リゾート（ＩＲ）については市民レベルでの拒否感が非常に強いという状況もあります。

投資とギャンブルは別ものであり、投資に刺激を求めるのはそもそも間違いです。お金を使って刺激を求めるのはギャンブルです。ギャンブルは否定しませんが、投資とは分けて考えるべきです。投資は生活の一部であり、ギャンブルは娯楽の一種です。娯楽とは消費行動の一種であり、そもそも娯楽で稼ごうというのが間違い。最近、ゲームで「遊びながら稼ごう」というのが出てきているらしいですが、よく考えれば意味不明ではないかと私は思います。

日本人にはいまだに生活と娯楽をごっちゃにしている人が多いということかもしれません。

「投資とギャンブルは別ものであり、
投資に刺激を求めるのはそもそも間違い」

Pick Up Words

アメリカの金融サービスは見習うべき

アメリカ人的なお金との付き合い方は日本人には向いていないと思いますが、アメリカの金融業界における投資や資産運用のサービスは全然悪くないと思います。日本よりはるかに合理的でレベルが高いとさえ思います。

アメリカで投資や資産運用に関するアドバイスは、基本的に投資顧問業者が行っています。そして、大部分が、預かり資産の一定料率を手数料として受け取るというビジネスモデルです。預かり資産残高に比例して収入が増えるビジネスモデルは、顧客である投資家との利益相反が少なく、投資家の資産形成にとって大きなメリットです。

投資顧問業者は主に大口の法人や富裕層を顧客にしていますが、アメリカでは個人投資家に対しても、RIA（Registered Investment Adviser：投資助言業者）というプロがいて、同じようなビジネスモデルを採用しています。金融商品の販売による利益や売買手数料のキックバックを一切受け取らず、顧客の運用の成功により報酬が増えるシステムなのです。

アメリカで個人の株式投資が広く普及した背景には、こうした金融サービス業の広がりがあることは意外に知られていません。

翻って、日本はどうでしょう。

日本で個人がお金の相談をするというと、まず思い浮かぶのがＦＰ（Ｆｉｎａｎｃｉａｌ Ｐｌａｎｎｅｒ）です。

日本ＦＰ協会が公表している会員倫理規程では、「顧客の最善の利益」「必要なすべての情報の開示」「利益相反事項はこれを顧客に開示する」などをうたっていますが、日本のＦＰの多くは実は生保や銀行などに所属する企業内ＦＰです。企業に勤めるＦＰが、いくら顧客にとっていいと分かっていても、他社の製品を勧めることはありえません。

また、独立系のＦＰにしても、具体的な投資についての助言や個別の金融商品についてのアドバイスは、金融商品取引法による「投資助言・代理業」の登録がなければできません。結局、保険の見直しや住宅ローンの組み方についてのアドバイスくらいしか受けられないのです。

さらに、最近、個人投資家向けのアドバイザーという触れ込みでＩＦＡ（Ｉｎｄｅｐｅｎｄｅｎｔ Ｆｉｎａｎｃｉａｌ Ａｄｖｉｓｏｒ）が出てきていますが、個人的にはこれもあまり評価していません。

ＩＦＡには元証券会社の営業パーソンが多く、ネット証券を通した金融商品の売買を仲介することで手数料を得ています。

厳しい言い方をすれば、所属先が大手証券会社でなくなっただけで、実質的にはネット証券の出先機関のようなものです。前述のとおり一部には質のいいサービスもありますが、投資家にとっては利益相反の問題がクリアされているとはいいがたいと思います。

これから資産形成する人の投資プロセス

ところで、まとまった資産がまだなく、これから資産形成に取り組もうという人はどうしたらいいのでしょうか。

私のアドバイスは、まず本業の仕事で稼げるようにするのが先決だということです。身も蓋もありませんが、投資や資産運用には少なくとも、1000万円の余裕資金が必要です。1000万円くらいないと、投資や資産運用といってもしようがありません。

ただ、資本市場にお金を入れることは否定しません。極端に言えば1万円からでもいいでしょう。具体的には、自分のお金で特定の個別株を買うのです。そうすれば、自ずと自分が買った銘柄(会社)の株価の動きを追いかけるようになりますし、どんな事業をやっているのか、業績はどうなるのか、関心がわくはずです。

時々、株式に投資しようとしていて、「何が儲かりますか？」と聞いてくる人がいます。そういう人は投資をしてはだめだと思います。自分で勉強しないで、儲かる銘柄の情報だけ聞き出そうという姿勢がそもそも投資に向いていません。だまされるだけで終わるでしょう。

逆に、投資に向いているのは、「これから金融のことを勉強するのが楽しみだ」と思える人です。投資で成功する道のりは遠く、険しいものです。その道に挑むかどうかは、本人の気持ちひとつなのです。

そもそも、上場企業はいろいろ情報開示しています。まず、有価証券報告書に目を通してみてください。ネット上の噂など気にする必要はありません。

もちろん、有価証券報告書を読むには、ＰＬ（損益計算書）やＢＳ（貸借対照表）などの財務諸表が分かることが必要です。これも酷なようですが、財務諸表が読めない人は、投資をしないほうがいいと思います

ただ、財務諸表はそれほど難しいものではありません。最初は簿記３級くらいの知識があれば大丈夫です。いろいろな会社の財務諸表を何回も見ているうちに、だんだん理解が深まっていきます。

最初から毛嫌いしたり、自分には分からないといって食わず嫌いのままにしたりするのは、もっ

たいないと思います。やってみたら意外に面白く、向いていることに気づくかもしれません。

プロは別ですが、個人投資家のみなさんにとって、投資は楽しみながらやるものだと思います。

「投資で成功する道のりは遠く、険しいもの。
その道に挑むかどうかは、本人の気持ちひとつ」

Pick Up Words

印象に一番残っているリーマンショック

金融のプロとして私の印象に一番残っているのは、やはり２００８年のリーマンショックです。当時は、ＢＮＰパリパ証券に在籍し、東京の拠点で日本株、アジア株を扱うエクイティ部門の責任者でした。

リーマンショックが発生したのは２００８年９月のこと。そのかなり前からリーマンが破綻することは業界内では知れ渡っていました。

いよいよ9月中旬の週末に破綻するというのがはっきり分かっていたので、私の部署でも全員が週末に出社していました。

リーマンが破綻したら自社にどのような影響が及ぶのか、その時点でリーマンと取引のあるすべてのポジションの洗い出しを行ったのです。当時、株式の保有額で数千億円から1兆円のポジションがあり、どのような影響が及ぶのかをチェックしようとしました。

投資銀行はどこでもそうですが、取引相手の金融機関とデリバティブの契約を結ぶと、そのヘッジを取引所取引で行ったり、ヘッジとなる契約をまた別の金融機関と結んでリスクをファクターごとにヘッジします。

そのため、いきなりリーマンとそのポジションが消えると、ヘッジ側が大きなリスクとして出現してくるので、これをどう解消しにいくかをシミュレーションしました。

全ポジションを洗い出すのは意外に時間がかかり、いよいよ日本時間の土曜日早朝、アメリカの金曜日夕方、「リーマンが飛んだ」というニュースが入ってきて、月曜の朝一番にヘッジポジションの解約を行う手はずを整えました。

ピリピリとした緊張が張り詰める中、部下の一人が倒れて救急車を呼ぶ事態も発生。ストレスと過労だったのでしょう。

結局、週明けのマーケットでは値が飛んで取引が成立せず、私の部署でも一定の損失は出ましたが、会社全体の中では少なかったほうでした。

会社としては、損失を確定させればそれで一応、終わりでしたが、むしろ影響が大きかったのが、各国の金融規制当局によるレギュレーションの変更でした。オプション取引でのリスクの持ち方や組織体制についても一部、見直しが必要になったのです。

特に、アメリカでは投資銀行の自己勘定取引部門(プロップトレーディング部門)が実質上、禁止されました。

ヨーロッパや日本ではそこまで行われませんでしたが、グローバルに展開している投資銀行では、ニューヨークでプロップ部門を持てなくなると、ヨーロッパや日本でも縮小したり、廃止するということになりました。

本当に怖いのは「グレーリノ」

リーマンショックのときの経験から学んだのは、「分かっていても防げない」ことがあるということです。

個人投資家はもちろん金融のプロでも、「分かっていれば防げる」と思っている人は多いものです。しかし、そんなことはありません。

投資においては、つい市場の変化を過小評価したり、自分は大丈夫と思ったりするものです。人間のこの傾向は、いつの時代も変わりません。

リーマンショックについてはよく、「ブラックスワン（黒い白鳥）」というたとえがされます。金融市場において事前にほとんど予想できず、起きたときの衝撃が大きい出来事のことです。しかし、本当に怖いのは、「ブラックスワン」ではなく「グレーリノ（灰色のサイ）」だと思います。

「グレーリノ」とは、大きな問題に発展する可能性が高いにもかかわらず、軽視されているリスクのことです。サイは体が大きく、普段はおとなしいのですが、いったん暴れだすと誰も手を付けられなくなります。

金融市場においても、いますぐ大きな問題になるわけではないものの、いずれ深刻な状態に陥る可能性がある状態があちこちに見受けられます。中国の不動産バブルなどは、その典型でしょう。

投資や資産運用は常に、そういう前提で取り組むべきなのです。

「本当に怖いのは、「ブラックスワン」ではなく「グレーリノ(灰色のサイ)」」

Pick Up Words

損失に耐える力を持て

「グレーリノ」を前提とすれば、投資や資産運用で損失を被ることは避けられません。大事なことは、それにどう対応するかです。

方法は2つあると思います。

ひとつは、最初から投資や資産運用をしないことです。それも立派な戦略だと思います。

もうひとつは、損することに耐える力を持つことです。

「損する可能性もあります」と説明しても多くの人は、「はい、分かっています」と簡単におっしゃいます。

しかし、大きな損失が発生すると、みなさんショックを受け、大底で損切りしてしまうことになりかねません。

そこは、相場の変動を「飲み込む力」が必要なのです。投資や資産運用ではそういうことが起こるという覚悟が求められるのです。

リーマンショックでの大暴落も5年経てば戻りました。5年は確かに長いですが、向こう30年ほど運用しようという若い世代のみなさんや、年配の方でも孫子の代まで資産を受け継いでいってほしいという人なら、5年という年月は決して長くはないはずです。

投資や資産運用においては、「時間軸」が決定的に大事です。「耐える力」は、時間軸を明確に意識することで生まれます。

また、「耐える力」を持つには、基本的に自己資金だけで投資や資産運用を行うべきです。他人のお金を借りていたり、預かっていたりすれば、そうはいきません。1年ごと、あるいは四半期ごとに成果を問われるファンドの運用責任者などは、いくら高い収入を得られるとしても、そのストレスや緊張感は並大抵ではありません。逆に、「ストレスを感じない」という運用者は信用できません。

家族を大切にし、先祖や子孫とのつながりを意識する

投資と資産運用に取り組むにあたって、もうひとつぜひ意識していただきたいのが、家族のことです。

ヨーロッパの超富裕層は、ここまで述べてきたことからも分かるように、家族をとても大切にしています。夫婦や親子など家族の結束が強いし、コミュニケーションも密です。離婚による巨額の

財産分与が話題になるようなアメリカのＩＴ長者とは、価値観もライフスタイルも異なるといっていいでしょう。

日本の新興富裕層の中にも、ファミリーのつながりが弱いケースがみられ、そのため資産はあるけれど人生は寂しい、という人もいるようです。

投資や資産運用も、しょせんは人生を豊かなものにする手段に過ぎません。自らの先祖や子孫とのつながりを意識すれば、投資の視点も自ずと変わってくるでしょう。そのことが、投資戦略のバックボーンになるのです。

日本人は伝統的に家族のつながりを大切にし、国の歴史も長いです。根本的には、ヨーロッパのような文化にむしろ近い部分があると思います。

実際、日本でもいわゆる名家といわれるような、江戸時代あるいはそれ以前にルーツを遡って繁栄しているような家は存在します。そんな家柄の人たちは、ヨーロッパで私がみてきた「本当のお金持ち」に近いマインドを持っているように感じるのです。逆に、近年になって日本に急にアメリカ的な成金が出てきたのが、むしろイレギュラーなのです。

投資を考えることをきっかけに、家族の永続的な繁栄を意識することができると素晴らしいと思います。

第6章のまとめ

・最近、経済的独立と早期リタイアを目指すアメリカ流の〝ＦＩＲＥ（Ｆｉｎａｎｃｉａｌ Ｉｎｄｅｐｅｎｄｅｎｃｅ，Ｒｅｔｉｒｅ Ｅａｒｌｙ）〟が注目されているが、個人的には日本人には向いていないと思う。

・若い人は、まずは知識や経験、スキルを高めるため、自分に投資をしたほうがいい。それが一番効率のよいお金の使い方であり、一生使える財産となる。

・ヨーロッパの富裕層にとって、投資や資産運用は生活の一部。特に刺激を求めることもなく、普段は意識することもなく、退屈で当たり前の行為。

・これから資産形成に取り組もうという人は、まず本業の仕事で稼げるようになるのが先決。投資や資産運用には少なくとも、１０００万円の余裕資金が必要。

・アメリカの金融業界における投資や資産運用のサービスは全然悪くない。日本よりはるかに合理的でレベルが高い。

・家族を大切にする日本人の価値観を意識することが、投資戦略のバックボーンになる。

おわりに

お金の余裕は人それぞれですが、肝心なのは心の余裕だと思います。将来への不安は誰しも感じるもので、ヨーロッパの富裕層にも必ずあります。ただ、自分で将来を切り拓いていけるという自信が持てれば、変わります。

国に頼っても助けてはくれません。日本人は会社や政府に頼りすぎだと思います。普段、何かと文句を言っていながら、いざとなれば国が何とかしてくれるのではないかと考えています。それではいつまでたっても、経済的な安心を得ることはできません。

まずは覚悟して、腹をくくる。会社も国も関係ありません。投資や資産運用はそのためのツールです。

私は金融の仕事を通じ、富裕層を含む多くの日本人のみなさんに、金融の楽しさを伝えたいといつも思っています。

好みや趣味は人それぞれでしょうが、なぜか投資や資産運用の話になると、とたんに難しく感じたり、怖いと敬遠したり、そもそも楽しいと思って取り組んでいる人が少ないのが残念でなりません。

投資や資産運用はドキドキしながら、あるいはビクビクしながらやるものではありません。もっと楽しく、そして人生が豊かになるのでなければ、やる意味がないとさえ思っています。

投資や資産運用では、「勝った負けた」ということを気にする人は、一般的にいえば負ける可能性が高いです。楽しければ、目先、多少損してもそう簡単に諦めないでしょう。また、儲かっても、変に「自分は投資の天才だ」なんて勘違いすることなく、そのまま淡々と続けることができるでしょう。

お金と上手に楽しく付き合えば、将来の不安も消えます。それは、通帳の残高が増えるということとは違います。通帳の残高を気にしないほうがむしろ、投資や資産運用はうまくいき、心の余裕も生まれるのです。実際、投資や資産運用していることを忘れている人は、ヨーロッパの富裕層にはたくさんいます。普段はファミリービジネスなどの本業で忙しく、久しぶりに運用口座を見たら、とんでもなく増えていた、なんていうことがよくあります。

これこそ、投資や資産運用のあるべき姿ではないかと思います。ぜひ多くの方が、そうした投資や資産運用のあるべき形を理解し、豊かな人生を歩んでいただくよう祈っています。

篠田 丈（シノダ タケシ）

アリスタゴラ・アドバイザーズ代表取締役会長。日興証券ニューヨーク現地法人の財務担当役員、ドレスナー・クラインオート・ベンソン証券及びINGベアリング証券でエクイティ・ファイナンスの日本及びアジア・オセアニア地区最高責任者などを歴任。その後、BNPパリバ証券で株式・派生商品本部長として日本のエクイティ関連ビジネスの責任者を務めるなど、資本市場での経験は30年以上。現在、アリスタゴラ・グループCEOとして、日本、シンガポール、イスラエルの拠点から、伝統的プライベートバンクと共に富裕層向け運用サービスを展開、また様々なファンドを設定・運用、さらにコーポレートファイナンス業務等を展開している。

＜アリスタゴラ・アドバイザーズ＞ https://aristagora.com/

「本当のお金持ち」から学ぶ正しいお金の増やし方

2021年12月25日　初版第1刷発行

著者	篠田丈
発行人	水野麻紀子
発行所	株式会社小学館
	〒101-8001　東京都千代田区一ツ橋2-3-1
	編集　03-3230-9397　販売03-5281-3555
印刷所	萩原印刷株式会社
製本所	株式会社　若林製本工場

装丁・デザイン	大塚將生（marron's inc）
表制作	タナカデザイン
校正	聚珍社
制作	黒田実玖
販売	中山智子
資材	斉藤陽子
宣伝	細川達司
編集協力	仲山洋平（FORWAY）、古井一匡
編集	福田葉子

ISBN978-4-09-310698-6